Career Coaching Strategy and Practice for College Students

대학생을 위한
진로코칭
· 전략과 실제 ·

| 천성문 · 김미옥 · 함경애 · 박명숙 · 문애경 공저 |

학지사

머리말

현대의 대학생들은 미래를 마음껏 꿈꾸기가 쉽지 않다. 자신의 진로를 정하고 본격적으로 전념해야 하는 대학교 3학년을 일컬어 '사망년'이라고 부른다. 대부분이 이 시기를 두고 공부만 하면 진로가 정해지던 고등학교 3학년 때보다 더 힘들다고들 한다. 그때는 그저 공부만 열심히 하면 행복한 미래가 펼쳐지리라는 기대라도 가질 수 있었지만, 대학생이 되면서부터는 성인으로서 스스로의 미래를 설계해야 하며 이로 인해 취업과의 전쟁이 시작되기 때문이다. 이 전쟁에서 누군가는 승자가 되고 누군가는 패자가 되고 만다. 인생의 승자보다는 패자가 더 많은 현 사회 상황에서 대학생들은 대학의 낭만을 즐기고 자신을 이해하며 스스로의 길을 살피기보다는 패자가 되지 않기 위해 취업준비로 전력질주하거나 미리 겁을 먹고 포기해 버리는 경우가 많다. 하지만 인생의 새로운 길에 접어드는 중요한 시기를 어떻게 설계하고 만들어 가느냐에 따라 그들의 삶의 만족은 달라질 것이라 본다.

대한민국의 대학생들은 학창시절 수능을 준비하는 데 인생의 대부분의 시간을 보내 왔다. 마치 수능이 마지막 골인점이라도 되는 것처럼 아주 열심히 달려 왔으나 사실은 여기가 끝이 아니다. 대학생이 되어서야 자신이 왜 여기로 달렸는지, 지금 어디를 가기 위한 길목에 서 있는지에 대해 고민하지만, '나는 어떻게 살고 싶나?' '무엇을 하고 싶은가?' 하는 고민은 그동안 해 보지 않았기 때문에 낯설고 어색할 수밖에 없어 깊게 생각하기 어려워한다. 그러나 이미

성인이 되어 버린 대학생들에게 주변의 어른들은 스스로 진로를 찾아가기를 기대한다. 하지만 아직 홀로 설 준비가 되지 않았고, 수동적인 대처와 문제해결에 익숙해 있는 대학생들에게 스스로의 진로를 찾아가기란 너무나 어려운 일이다. 이 같은 이유로 대학생들에게는 진로에 대해 누군가가 안내해 주고 이끌어 주기를 기대하는 마음이 있을 것이라 생각한다.

『대학생을 위한 진로코칭: 전략과 실제』는 제목에서 짐작할 수 있듯이 대학생들이 진로를 찾아가는 과정을 코칭하고 그들에게 실질적인 경험을 제공하기 위해 'S-MIND 코칭 모델'을 바탕으로 진로에 대한 전략을 수립하고 실천할 수 있도록 내용을 구성하였다. 이 책은 네 가지 주제로 나누고(4부) 총 13개의 장으로 구성하였다. 각 장은 S-MIND 코칭 모델에 따라 교수와 학생 간의 신뢰로운 관계 형성을 바탕으로 자신에게 맞는 목표를 설정하고, 이를 실행하기 위해 자신의 현실을 점검하며, 진로준비 수준을 높일 수 있는 새로운 대안을 탐색하고 실천해 보는 경험을 할 수 있도록 코치하고 돕는 과정을 설명하였다.

첫 번째는 '진로코칭'이라는 주제로, S-MIND 코칭 모델에 대한 이해를 바탕으로 대학생의 진로코칭 과정에 대한 구체적인 접근방법을 안내하고 대학생의 진로 고민을 구체화하며, 진로를 탐색하는 방법인 코칭에 대해 보다 익숙해지기 위하여 그리고 진로 탐색의 효과적인 접근을 위한 기초를 다지게 된다.

두 번째는 '자기이해'로, 여기서는 인생의 주인공인 자신에 대한 심층적인 이해를 위해 자신의 성격, 인간관계, 흥미와 진로의 관련성을 탐색해 본다.

세 번째는 '진로설계'로, 자신의 직업에 대한 이해 및 취업을 준비하는 과정에서 알아야 하는 정보를 탐색하고, 자신이 원하는 진로를 결정하는 데 있어서 방해가 되는 요인인 진로장벽을 찾아 제거함으로써 취업에 한 걸음 더 나아가게 돕는다. 이러한 과정을 통해 자신이 가진 진로비전을 확인하고, 명확하고 현실적인 진로 목표를 정하도록 돕는다.

마지막은 '취업전략'을 수립하는 과정으로, 보다 구체적인 실천인 자신의 진로에 걸맞은 이미지를 만들고 취업에 필요한 서류준비와 면접에서 자기를 잘 표현하는 방법에 대해 훈련하도록 돕는다. 그리고 자신이 그동안 쌓아 온 경험들을 취업하려는 곳의 성격에 맞게 자료 형태로 정리하여 자신의 능력과 소양을 잘 보여 줄 수 있도록 돕는다.

이 책을 잘 활용하기 위해서는 다음의 몇 가지 사항을 주목해야 한다.

첫째, 자기를 이해해야 한다. 나를 알지 못하면 자신에게 적합한 진로목표를 수립할 수 없다.

둘째, 현실을 점검하고 대안을 찾아야 한다. 자신의 진로준비 상태를 알아야 스스로에게 맞는 진로를 준비하기 위한 구체적이고 현실적인 대안을 마련할 수 있다.

셋째, 실천해야 한다. 진로를 설계한다는 것은 머리로 할 수 있는 일이 아니다. 자신에게 맞는 목표를 수립하고, 현실에서 직접 경험해 봐야 스스로에게 맞는 진로인지 확신할 수 있다.

이 책은 자신에 대한 이해와 점검을 통해 스스로의 진로를 찾아갈 수 있도록 구성되어 교재 자체가 코치로서의 역할을 수행하고 있다고 볼 수 있다. 따라서 이 책은 대학에서 진로설계 수업의 교재로 사용될 수 있을 뿐 아니라, 스스로를 탐색하고 취업을 준비하는 대학생들에게 셀프코칭 지침서로 활용될 수 있을 것으로 생각된다.

대학생들이 스스로의 진로를 설계하고 취업으로 나아갈 수 있는 진로코칭 지침서를 만들기 위해 노력한 집필진 그리고 책의 출간을 응원해 주신 경성대학교 상담심리 석·박사들과 이 기쁨을 함께 나누고자 한다. 또한 책의 출간을 기꺼이 허락해 주신 학지사와 완성도 높은 책을 만드는 데 애쓰신 많은 분께 깊은 감사의 마음을 전하며, 책의 마무리를 위해 애써 주신 윤승희 선생에게도 고마움을 전한다.

자신의 불확실한 미래에 대해 고뇌하는 대학생, 그들과 고민을 함께하는 모든 이에게 이 책을 바친다.

2017년 1월
저자 일동

차례 ▶

1부 진로코칭

4부 취업전략

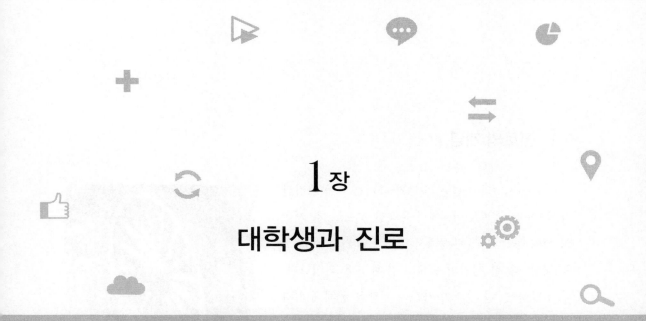

1장

대학생과 진로

장기간에 걸친 계획은 미래의 결정이 아니라 지금 하는 결정의 미래를 다루는 것이다.

– 드루커

학습목표

• 대학생 진로발달단계의 특성을 이해한다.

1. 진로의 개념

　진로(career)의 어원은 '수레가 다니는 길을 따라간
다.'는 뜻을 가진 'carro'에서 유래한 것으로, 한 개인
이 생애 동안 일과 관련해서 경험하고 거쳐 가는 모
든 체험, 즉 '한 개인의 생애의 전 과정'을 의미한다.
다시 말하면, 한 사람이 자신의 일생을 통해 수행하
게 되는 일의 총체이자(Hoyt, 1974), 개인의 생애직업
발달과 그 과정을 가리키는 포괄적인 의미로, 자신의
삶을 완성하고 창조해 나가는 과정에서 개인과 사회
모두의 삶을 고양시키는 과정이라 할 수 있다. 프로이트(Freud)도 인간이 행복하기 위해서는
'일'과 '사랑' 모두에서 만족을 느낄 수 있어야 한다고 했다. 진로선택 후에 하게 되는 일은 우
리가 세계와 어떤 관계를 맺는가에 따라서 전혀 다른 모습이 되고, 전혀 다른 삶을 살 수 있도
록 해 준다. 따라서 진로선택은 인간의 삶을 변화시켜 주는 중요한 것이라고 할 수 있다. 특
히 진로선택을 통해 진로를 결정하는 것은 한 개인이 일에서 만족함과 동시에 자신의 심리적
성장과 자기실현을 도울 수 있다. 따라서 그 과정은 개인과 사회 모두에게 매우 중요한 의미
를 갖는다. 다시 말해서, 개인적으로 진로를 어떻게 결정하는지가 미래의 많은 부분을 결정
할 뿐만 아니라 전반적인 삶의 질이나 만족감에도 큰 영향을 미치며, 이것은 개인이 소속해
있는 사회의 삶의 질과도 직결되기 때문에 성숙한 진로결정은 매우 중요한 것이다.

2. 대학생과 진로

　대학생 시기는 심리사회적 발달단계 중 청소년 후기에 해당하는데(Erikson, 1968), 이때는
자아정체감과 자아상의 확립, 자율과 심리적 독립의 성취라는 전인적 발달과업 수행과 함께
진로와 관련된 발달로 매우 중요한 시기다(한효정, 2012). 다시 말하면, 사회구성원으로서의
역할을 수행하기 위한 준비와 함께 전문적 직업세계에 적응하기 위한 준비를 하는 시기라고

할 수 있다. 이와 같은 발달과업의 성취는 현재에의 적응과 함께 더불어 살아갈 수 있는 책임감 있고 성숙한 성인으로서의 삶에 대한 긍정적인 예언 지표가 된다. 따라서 자신의 적성과 흥미를 토대로 진로를 합리적으로 선택하고 결정하는 일은 절실하면서도 매우 중요한 과제다(박선희, 박현주, 2009; Super, 1990). 그러므로 대학생 시기에 어떤 진로를 선택하느냐에 따라 생활양식은 물론 삶의 근간이 되는 가치관과 태도에까지 영향을 미칠 수 있다는 것을 인식하고 합리적인 진로를 결정하기 위해 노력해야 한다. 그러기 위해서는 자율적이고 탐색적인 전공 공부와 함께 자기성찰을 통한 자기이해를 토대로 효율적으로 진로를 계획 · 준비하여 성숙한 직업인으로 사회에 진출하기 위한 기초를 닦아야 할 것이다.

특히 진로선택은 삶의 어느 시점에서 이루어지는 일회적인 결정이 아니라 성장과정에서의 크고 작은 일련의 의사결정과 관련된 발달과정의 한 단계다. 이에 따라 진로발달(career development)은 개인이 보람된 삶을 추구하기 위해서 자신의 진로를 정하고, 직업을 선택하며, 새로운 직업기회와 개인 목표를 계속적으로 조율하는 삶의 주요한 과정으로 볼 수 있다(Osipow, 1994). 진로발달이론에서 자신의 정체성과 직업의 실현 가능성을 바탕으로, 스스로의 직업적 선택을 구체화하고 준비하는 대학생 시기의 진로특성을 살펴보면 다음과 같다.

긴즈버그 등(Ginzberg et al., 1951)은 진로선택을 하나의 발달과정으로 보고, 진로선택을 일회적 행위가 아니라 일련의 연속적인 결정을 통해 직업적 지식, 태도, 기능 등의 발달이 이루어지는 것으로 보았다. 또한 개인은 환상기와 잠정기를 거치며 자신의 흥미, 능력, 가치 등을 고려한 직업적 선택을 하려고 하지만, 대학생 시기에는 현실적인 요인을 고려하여 직업을 선택한다고 보았다. 따라서 긴즈버그는 대학생 시기를 현실기라고 보고 탐색 단계, 구체화 단계, 특수화 단계로 세분화하였고, 그 내용은 다음과 같다. 대학생은 탐색 단계에서 개인의 흥미, 능력, 가치 등을 고려하여 다양한 직업적 가능성을 탐색하고, 구체화 단계에서 목표를 구체화하고 자신의 흥미, 능력, 가치 등의 내적요소와 실현 가능성 등의 외적요소를 통합하여 특정 직업분야에 몰입하게 된다. 특수화 단계에서는 잠정적인 결정을 더욱 구체화 하고 세밀한 계획을 수립하여 올바른 진로의사결정을 내리게 된다.

슈퍼(Super, 1953)는 긴즈버그의 이론이 진로발달과정을 20대까지로 파악하였기 때문에 개인의 일생을 포괄하지 못한다는 점을 비판하며, 개인의 전 생애를 아우르는 보다 포괄적이고 발전적인 이론을 정립하였다. 그는 자신의 이론을 설명하는 데 생애주기와 생애공간이라는 용어를 활용하였다. 생애주기란 개인의 생애가 시간의 흐름에 따라 일정한 단계를 거쳐 변화해 나가는 단계별 과정임을 의미하며, 생애공간이란 개인이 발달단계를 거치면서 수행하는 자녀, 학생, 여가인, 시민, 근로자, 배우자, 주부, 부모와 같은 역할들의 조합을 의미한다. 이러한 정의를 바탕으로 그는 개인이 시간의 흐름에 따라 일정한 단계를 거쳐 변화해 나가는 과정(생애주기)을 거친다고 하였으며, 개인은 이러한 과정에서 다양한 역할(생애공간)을 수행하게 되고 이를 통해 자기개념을 발달시켜서 자기개념과 일치하는 직업을 찾고자 한다고 설명하였다. 또한 슈퍼는 생애주기와 생애공간이라는 개념을 통해 개인의 전 생애에 걸친 발달단계와 발달과업을 제시하였다. 이에 따르면 대학생은 15~24세에 해당하는 탐색기와 25~30세에 해당하는 확립기에 해당한다. 탐색기는 다시 잠정기, 전환기 그리고 시행기로 구분되며, 확립기는 시행기, 안정기로 구분된다. 대학생은 이 가운데 탐색기의 전환기와 시행기 그리고 확립기의 시행기에 해당한다. 탐색기의 전환기에서 개인은 취업을 하거나 취업에 필요한 훈련이나 교육을 받으며, 자신의 자아개념을 실천하려고 함에 따라 현실적 요인을 중요시하게 된다. 그리고 시행기에서 자신에게 적합해 보이는 직업을 선택해서 최초로 직업을 갖게 된다. 이와 같은 단계를 거치며 개인은 두 가지 발달과업을 시행하게 된다. 그중 하나는 자신이 선호하는 진로에 대해 계획하고 실행하는 것을 고려하는 구체화이고, 다른 하나는 잠정적인 직업선호에서 특정한 직업선호로 옮겨가는 특수화다. 이후 확립기의 시행기에 이르면 자신에게 보다 적합한 일을 발견하기 위해 변화를 시도하게 된다.

슈퍼의 이론이 연령에 따라 자기개념이 발달하며 이에 따라 직업적 자아정체감 또한 발달해 간다고 주장한 것이라면, 타이드만과 오하라(Tideman & O'Hara, 1963)는 의사결정을 되풀이하는 과정에서 진로발달이 이루어지며 이 과정에서 직업적 정체감의 형성을 강조하였다. 이들은 의사결정 과정을 크게 잠정적인 결정을 내리는 예상기와 잠정적 결정을 실천에 옮기는 실천기로 구분하고, 예상기는 탐색기, 구체화기, 선택기, 명료화기로, 실천기는 순응기, 개혁기, 통합기의 연속적인 과정으로 제시하였다. 이에 따르면 개인은 예상기에서 잠정적인 진로결정을 하게 되는데 이를 위해서는 탐색과 몰입을 필요로 한다. 탐색기에서 개인은 자기 자신과 외부 환경의 탐색을 통해 진로목표의 설정, 대안 탐색, 진로목표를 성취할 수 있는 능력과 여건을 평가하고, 나아가 구체화기에서 구체적인 진로준비가 이루어진다. 선택기에는 구체적인 의사결정이 이루어지고, 명료화기에는 결정을 신중히 분석하고 검토 후에 자신의 진로선택에 강한 확신을 가지게 된다. 따라서 대학생 시기에 의사결정을 하기 위해서는 자신과 직업세계에 대한 탐색과 이에 따른 잠정적인 선택에 대한 몰입이 필요하다고 할 수 있다.

〈표 1-1〉 대학생 진로발달의 특성

학자	발달단계		발달과업
긴즈버그 (1951)	현실기	탐색 단계	진로선택의 다양한 가능성 탐색
		구체화 단계	직업목표 수립, 자신의 내적, 외적 요인 종합
		특수화 단계	결정 구체화, 보다 세밀한 계획 수립
슈퍼 (1953)	탐색기	전환기	현실적 요인을 고려하여 진로선택을 위한 의사결정 필요
		시행기	진로선택 후 자신에게 적합 여부 검증
	확립기	시행기	보다 적합한 일을 발견하기 위해 변화 시도
타이드만과 오하라 (1963)	예상기	탐색기	진로목표 설정, 대안 탐색, 진로목표를 성취할 수 있는 능력과 여건에 대한 예비평가
		구체화기	구체적 진로준비(가치관, 목표, 보수 등)
		선택기	구체적인 의사결정(하고 싶은 일, 하기 싫어하는 일)
		명료화기	결정을 신중히 분석·검토 후 결론 도출

최근 세계경제 불황으로 국내 경기도 침체되고 사회 변화에 따른 산업 구조의 변화, 직업에 대한 인식의 변화로 대졸자의 미취업이나 실업이 매우 심각한 것이 현실이다. 2014년 우리나라 대학 진학률은 70.9%(교육부, 2015)로 매우 높으나 고학력을 필요로 하는 일자리의 부족으로 대학 졸업자 취업률은 2008년에 남자 71.2%, 여자 66.5%에서 2014년에는 남자 58.6%, 여자 51.5%로 계속 하락하고 있어(한국교육개발원, 2015) 대졸 이상 청년의 실업자 비중은 해마다 증가하고 있는 실정이다.

이와 같은 현실 때문에 대학생들의 가장 큰 고민거리는 바로 '진로문제'다(건국대학교 대학생활상담연구, 2013; 가톨릭대학교 학생생활상담, 2013; 홍익대 취업진로지원센터, 2012). 대부분의 대학생들은 자신의 흥미나 적성을 본격적으로 탐색하는 중요한 시기인 중·고등학생 시기를 입시경쟁에 휩싸여 지낸다. 그러다 보니 자신을 돌아볼 겨를이 없어 스스로의 삶에 대한 진지한 이해가 부족하여 대학 진학 시 전공이나 학과 선택에서 자신의 흥미나 적성을 고려하기보다는 사회적 유행과 수능 점수에 맞추는 '진학'에 초점을 맞춘 것이 현실이다.

실제로 아르바이트 포털 사이트 알바몬(www.albamon.com)이 2016년 대학생 1,867명을 대상으로 한 '전공 만족도' 설문조사 결과 '전공을 다시 선택할 수 있다면 현재 전공을 선택할 것인지'에 대한 물음에 46.2%의 응답자들이 '다른 전공을 선택한다'고 답했고, 38.5%만이 전공을 유지한다고 답해 학생 두 명 중 한 명은 전공을 바꾸고 싶어 하는 것으로 드러났다. 대학생들이 '다른 전공을 선택하고 싶어 하는 이유'로는(복수응답), '취업에 더 도움이 될 만한 전공으로 가고 싶다'(36.3%)는 답변이 1위를 차지해, 대학생들의 취업에 대한 깊은 고민을 확인할 수 있었다. 이어 '다른 전공분야에 관심을 갖게 됐다'(36.1%), '전공이 적성에 맞지 않는다'(35.5%), '안정적인 진로가 보장될 수 있는 전공으로 바꾸고 싶다'(15.6%) 등의 답변이 뒤를 이었다(국제신문, 2016). 또한 취업포털 사이트 사람인(www.saramin.co.kr)이 대학생 484명을 대상으로 '전공 선택을 후회한 적이 있습니까?'라고 설문한 결과, 72.7%가 '후회한 적 있다'고 응답했다. 후회하는 이유로는 '생각했던 것과 달라서'(42.3%, 복수응답)가 가장 많았고, 다음으로 '적성과 맞지 않아서'(30.7%), '학과 취업률이 낮아서'(25.3%), '성적에 맞춰 지원했던 거라서'(21.3%) 등이 있었다(DVN, 2014). 이와 같이 전공에 대한 충분한 이해가 없는 상태로 대학에 진학한 학생들은 대학생활 적응에 어려움을 겪고 있을 뿐만 아니라 무엇을 하며 살 것인가, 어떻게 살 것인가에 대한 고민으로 정서적인 불안과 우울도 경험하고 있다.

이와 같은 진로 불안에 대한 문제는 졸업 후 취업 준비 기간의 장기화뿐만 아니라 직장에서의 적응에도 영향을 미치고 있다. 2015년 통계청에서 발표한 '경제활동인구조사-청년층 및 고령층 부가조사 결과' 발표를 보면 청년층(15~29세)이 최종 학교 졸업이나 중퇴 후 첫 취업까지의 준비기간이 평균 11개월인 것으로 나타났다. 특히 첫 취업에 성공한 청년층 중 3년 이상 소요된 경우가 전체의 8.5%나 되었다. 이는 경제 악화로 청년층의 취업난이 계속되는 이유도 있지만, 자신과 전공에 대한 이해가 부족한 가운데 성적에 맞추어 대학진학을 했거나 취업준비 과정에서 자신에게 맞는 진로선택을 위한 체계적인 탐색과 준비행동이 부족한 가운데 졸업을 하고 직업을 선택한 결과로 볼 수 있다.

대학 졸업 후 평균 11개월의 시간을 투자하여 취업하지만 첫 직장의 평균 근속기간은 1년 6개월에 그쳤는데, 그 이유로는 '근로여건 불만족'(47.4%)이 가장 많았다. 졸업 후 미취업 상태가 길어지면서 불안한 마음에 일단 취업은 하지만 성공적으로 적응하는데 어려움을 겪고 있는 것이다. 많은 대학생은 자신의 성격, 적성과 흥미 그리고 가치 등에 대한 탐색을 기초로 진로를 준비하기보다는 자신에 대한 이해 없이 '취업입시'를 준비하듯 근시안적으로 취업을 위한 스펙 만들기에만 전념한다. 그러다보니 자기 자신에 대한 이해와 직업 세계에 대한 구체적 이해의 부족, 그리고 전공 공부와 직업적 진로를 연결 짓지 못하는 등의 결과로 이어졌다고 볼 수 있다. 결국 잘못된 진로결정에서 오는 조기 퇴사, 이직으로 인해 개인의 진로와 경력개발에 어려움을 겪고 있음을 볼 수 있다.

　이처럼 대학생들의 자기이해 부족에 따른 진로목표 설정의 어려움과 진로준비 행동의 부족 등을 진로 미결정의 원인으로 보고, 그들을 도울 수 있는 적극적인 방법을 모색할 필요가 있다. 개인적인 특성을 고려하여 각 개인의 수준과 요구에 맞는 진로코칭을 통해 객관적으로 자기를 돌아볼 수 있도록 돕고, 목표에 따른 실행력을 높여 진로결정과 관련된 과업을 성공적으로 수행할 수 있도록 지원해야 한다.

재미있는 꿈 리스트 작성하기

• 여러분이 하고 싶거나, 인생에서 단순히 재미삼아 경험하기를 원하는 것들의 꿈 리스트를 만들어 봅시다.

번호	꿈	언제	번호	꿈	언제
1			16		
2			17		
3			18		
4			19		
5			20		
6			21		
7			22		
8			23		
9			24		
10			25		
11			26		
12			27		
13			28		
14			29		
15			30		

• 여러분이 원하는 큰 꿈과 어떤 관계가 있어 보이나요? 관계가 있어 보이는 꿈의 번호에 표시하세요.

• 1년 안에, 3년 안에, 10년 안에 그중 얼마나 많은 꿈이 실현될 수 있을까요? '언제' 칸에 표시해 보세요.

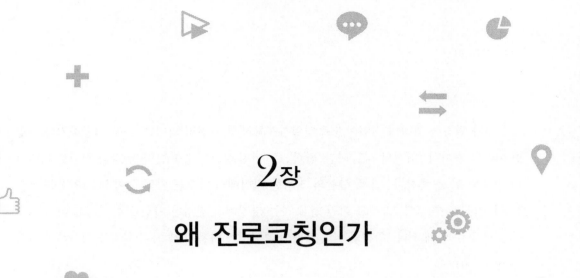

2장

왜 진로코칭인가

길이 가깝다고 해도 가지 않으면 도달하지 못하며

일이 작다고 해도 행하지 않으면 성취되지 않는다.

－순자

학습목표

• 코칭의 개념을 알고, S-MIND 진로코칭 프로세스를 이해한다.

• 자신의 전공 선택 과정을 점검한다.

우리가 원하는 최적의 직업이란 무엇일까? '최적'의 사전적 의미는 '가장 적당하거나 적합한'이라는 뜻이며, '최적의 직업'이란 '천직', 즉 '어떤 사람에게 특별히 딱 맞는 직업을 의미하며 일생의 일'을 뜻한다. 결국 '사람의 진정한 내면에서 나오는 가장 좋아하고 열정을 느끼는 일'이라 할 수 있다. 그리고 이런 일을 하는 과정에서 진정한 자신을 발견하고 삶의 의미를 깨달을 수 있게 된다. 최적의 직업을 찾기 위해서는 다음의 세 가지 원칙을 기억해야 한다(Bench, 2003).

첫째, 사람은 누구나 성취감을 불러일으키는 중추적인 삶의 목적을 가지고 있다.

둘째, 사람은 누구나 자신의 삶의 목적을 표현하고 자신의 기술을 활용하며 세상의 필요를 충족시키는 일을 찾을 수 있다.

셋째, 이러한 이상을 실현하기 위해서는 자신의 목적, 가치, 흥미, 기술, 일과 경험, 경력 목표 그리고 작업 환경을 결정하고 현실을 통해 걸러 내야 한다.

이 장에서는 이와 같은 최적의 직업을 찾는 작업을 하고자 한다. 코칭을 통해 여러분이 원하는 최적의 직업을 찾는 경험을 해 보기를 바란다. 먼저, 코칭에 대한 개념을 살펴보고, 진로코칭이 어떻게 이루어질 것인가에 대해 살펴보겠다.

1. 코칭의 개념정의

코치(coach)의 어원은 1500년대 헝가리의 도시 'Kocs'에서 만들어진 네 마리의 말이 끄는 '마차'의 이름인 kocsi에서 유래한 것이다. 마차(코치, coach)는 승객을 출발지에서 목적지까지 데려다주는 개별 서비스를 의미하는 것으로, 기차(train)가 승객이 역에서 승차하여 정해진 속도와 경로를 통해 정해진 역까지 데려다 주는 'training(집체 교육)'의 어원이 된 것과 비교된다. 이런 점에서 코칭은 한 개인이나 집단이 현재 있는 지점에서 그들이 바라는 더 유능하고 만족스러운 목표 지점까지 나아가도록 인도하는 기술이자 행위다(Collins, 2001). 따라서 코칭은 코치어의 발전 가능성에 집중하고 목표 달성을 위해 실행할 수 있도록 하는 완성의 개념이 아니다. 이는 과정의 개념으로 코치어와의 대화를 통해서 그들이 역량을 개발하고 동기부여를 하며 자발적으로 일을 할 수 있도록 돕는 가운데 무엇을 가르치는 대신 배울 수 있는 능력과 의욕을 높일 수 있게 이끄는 방식이다(김순천, 도미향, 2008).

⚙ 코칭의 정의

- 갤웨이(Gallway, 2000)
  코칭은 성과를 최대화하기 위하여 개인의 잠재력을 발휘하도록 하는 것이다. 학습자를 직접 가르치기보다는 학습자 스스로 배울 수 있도록 돕는 것이다.
- 에노모토 히데다케(2003)
  코칭은 개인의 자아실현을 서포트하는 시스템이다.
- 국제코칭연맹(ICF)
  코칭은 코칭을 받는 사람이 그들 자신과 직업적 잠재력을 극대화하도록 영감을 주고, 생각을 일깨우며, 창의적인 과정에 있어서 파트너가 되어 주는 것이다.
- 국제코치협회(IAC)
  코칭은 개인적이고 전문적인 인식과 발견과 성장을 위한 변화의 과정이다.
- 한국코치협회(KCA)
  개인과 조직의 잠재력을 극대화하여 최상의 가치를 실현할 수 있도록 돕는 수평적 파트너십이다.

이와 같이 코칭은 코치어의 잠재력과 가능성을 믿고 인간이 자신의 성장을 위한 과정에서 스스로 답을 찾아내는 존재라는 기본철학을 바탕으로, 개인의 성과를 극대화하기 위하여 자신을 알고 또한 자신에 대하여 알아 가며 자신의 무한한 잠재력을 발휘할 수 있도록 도와주는 도구다. 이처럼 코칭의 과정은 학습과 성장을 가능하게 해서 성과를 개선하게 하는 과정으로(Parsloe, 1999) 가능성과 잠재력에 초점을 맞추어 가르치는 것보다 학습을 촉진하여 코치어가 자신의 성과를 최대화하고 잠재력을 발휘할 수 있도록 하는 것이다. 또한 이는 코치어가 자신의 성장을 위한 선택의 상황에서 주체가 된다는 의미로 코치어에게 결과에 대한 주인의식과 완전한 책임감을 주는 것(Edwards, 2003; Whitmore, 2007)이라고 할 수 있다.

따라서 코치의 역할은 바로 코치어가 스스로 선택한 목표를 지속적이고 긍정적인 방향으로 새롭게 초점을 맞추고 재조정하도록 지원하는 것이다. 코치는 불필요한 방해 요소나 세부 사항, 부정적 사고 또는 코치어를 제한하게 하는 믿음에서 벗어나 코치어가 바람직한 목표를 향해 갈 수 있도록 에너지를 발휘하게 해 준다. 뿐만 아니라 코치어가 새로운 관점을 볼 수 있도록 그리고 더 큰 목표를 추구하도록 돕고, 장애물이 코치어에게 어떤 영향을 미치는

지 알 수 있도록 돕는다. 즉, 코치의 역할은 코치어가 자신의 관점을 재조정하도록 도와 코치어가 더 큰 그림으로 나아갈 수 있도록 하며, 코치어가 다시 동기를 형성하고 집중하고 모멘텀(momentum)을 향상시키도록 지원한다. 결국 코칭을 통해 최선의 것을 얻기 위해서 우리는 자기안에 최선의 것이 있음을 믿어야 한다.

코칭에 대한 정확한 개념을 이해하기 위하여 다른 유사한 개념과 비교해 보면 다음과 같다.

⚙ 코칭과 상담

상담은 내담자의 과거 경험을 이해함으로써 현재 문제의 원인을 찾아내고, 부정적인 감정이 치유되도록 조언을 해 주거나 도와줌으로써 내담자의 인격적 성장을 돕는 과정이다. 이에 비해, 코칭은 코치어를 스스로의 과제를 해결할 능력이 있고 기능적인 존재로 가정하고, 현재로부터 시작하여 현재와 미래에 초점을 맞추며, 문제를 해결하기 위한 목표를 설정하고 이를 실행에 옮기는 것에 초점을 두는 보다 단기적이며 목표 지향적인 과정에 중점을 둔다. 다시 말하면, 코칭은 개인의 역기능을 다루기보다는 개인의 수행이나 개인의 생활 경험을 향상시키는 것에 목표를 둔다는 점에서 상담과 다르다(Grant, 2006).

⚙ 코칭과 멘토링

멘토링은 인생의 선배인 멘토가 자신의 전문성이 있는 특정 영역에 대해 멘티인 후배에게 정보와 교훈을 전해 주고 후원하는 일대일 활동을 의미한다. 대조적으로, 코칭은 코치가 코치어의 학습을 도와주는 과정이다(Grant, 2002). 코칭과 멘토링은 모두 일대일 관계를 통해 성장을 지향하는 점에서는 같다. 하지만 가장 근본적인 차이는 멘토링은 전문 지식과 경험을 가진 멘토가 멘티에게 전달해 주는 위계적인 관계이나, 코칭은 코치가 비록 학습 영역에서 전문가는 아니지만 동등한 관계 속에서 코치어가 성장의 원리를 적용하도록 도와주는 것이다.

⚙ 코칭과 컨설팅

코칭과 컨설팅을 구별하는 가장 쉬운 방법은 다음과 같다. 코치가 올바른 질문을 하는 것에 집중하는 반면, 컨설턴트는 올바른 답을 주어 문제를 해결하는 것을 목표로 한다. 즉, 코칭은 코치의 질문을 통해 코치가 스스로가 해결방안을 찾아나가게 돕지만, 컨설팅은 특정 분야의 전문가인 컨설턴트가 해결 방안과 정보를 제공한다. 컨설팅은 해당 분야의 전문적인 지식과 경험을 가지고 있는 컨설턴트가 주도적인 위치에서 고객의 문제를 진단·분석하고 그 해결책을 제시하는 활동을 뜻한다. 이때 컨설팅의 성공 여부는 고객이 가지고 있는 능력보다는 전형적으로 사업 경험이 있거나 특정 사업 분야나 주제에 대한 훈련을 받은 컨설턴트가 가지고 있는 지식, 경험 및 견해에 의해 주로 좌우되는 일방향적 커뮤니케이션이다. 그러나 코치는 특정 분야에 대한 경험을 필요로 하지 않는다. 코치에게 필요한 경험은 코치어가 원하는 결과를 성취할 수 있도록 이끌어 줄 수 있는 명확한 코칭 모델을 사용한 쌍방향 커뮤니케이션이다(Bench, 2003).

코칭의 특성은 다음과 같다. 첫째, 코칭은 목표 지향적이고 미래 지향적이다. 코칭의 목표 설정은 주로 3P와 SMART 방식으로 진술하도록 한다. 3P란 주체(personal)를 명시하여, 긍정문(positive)으로, 현재 시제(present tense)를 사용하여 적는다는 뜻이고, SMART란 구체적이고(Specific), 측정 가능하며(Measurable), 달성 가능하고(Attainable), 현실적이고(Realistic), 기간 설정(Time limited)을 두라는 것이다(Whitmore, 1992, 2007). 둘째, 코칭의 과정은 변화와 성장의 과정이다. 이는 "인간은 그 자체로서 완전한 존재이며, 성장하려고 하는 무한한 잠재 가능성이 있는 존재다."라는 코칭의 철학과 일치한다. 즉, 코칭은 코치어의 완전성과 가능성을 인식하도록 하여 이를 최대로 끌어내 스스로 답을 찾도록 하게 하는 것이다. 셋째, 코칭은 행동 중심이다. 코칭은 회기를 마칠 때마다 다음 약속 회기까지의 새로운 행동계획을 수립하게 하고 이를 성취할 수 있도록 돕고, 다음 회기에서 그것을 점검한다. 항상 구체적인 행동계획에 대해 질문하고, 행동계획을 스스로 만들게 하고, 장애물과 자원들을 찾고 발견하도록 돕고, 그 진행을 점검하여 상호 책임성을 갖고 지원한다. 이 모든 과정에서 코치는 코칭받는 코치어가 스스로 세운 목표의 성취를 빠르고 효과적으로 달성할 수 있도록 지지하고 격려한다. 넷째, 상호 창조적 관계인 코치와 코치어는 상호 협력적인 관계를 형성한다. 코치는 조건 없이 상호 책임을 지고 코치어를 적극 지지해 주고, 함께 해결점을 찾는다. 이 모든 과정이 상호 간 신뢰의 바탕 위에 이루어진다.

코치와 코치어의 대화과정을 통한 성장이 코칭의 핵심이라면, 코칭 프로세스는 코치어가 목표달성 실행력을 높이기 위해 코칭 장면에서 꼭 필요하며 구조화된 대화다. 이는 코칭 철학에 바탕을 두고 코치어의 성장과 향상이라는 두 축을 염두에 두고 이루어진다. 이 과정은 평가와 피드백을 통해 직접적으로 자기탐색과 자기인식을 돕는 기본적인 특징을 지닌다. 코칭프로세스를 충실하게 준수하여 개인의 목표를 행동계획으로 전환시키고, 그 과정을 통해 꾸준히 행동을 시도한다면 이를 통해 '성공 경험 나누기'와 '자기효능감의 상승'을 경험하게 될 것이다(이희경, 2014).

2. S-MIND 코칭 모델

앞서 언급하였듯이, 코칭과정은 변화와 성장의 과정으로 목표 지향적이고 행동 지향적이다. 코칭은 코치어의 가능성, 목표, 꿈과 포부에 귀를 기울이는 것이며, 그가 가지고 있는 강점과 자원을 발견하고 확장하는 것이다(Williams & Menendez, 2007). 따라서 코치어의 자기이해를 바탕으로 진로를 결정하고 그것을 실현하는 과정을 돕는 매우 효과적인 방법이라고 할 수 있다. 특히 S-MIND 코칭 모델은 코치와 코치어 간의 신뢰적인 관계를 바탕으로 코치어가 스스로의 목표를 설정하고 이를 달성하기 위해 코치어의 현실을 점검하며, 스스로 성장과 변화를 위한 대안을 탐색하고 실천해 보는 경험을 할 수 있도록 지원하며 돕는 과정이다.

S-MIND 코칭 모델을 도식화하면 [그림 2-1]과 같다.

[그림 2-1] S-MIND 코칭 모델

1) 1단계: S

S(Seeing You & Me)는 라포형성 단계다. 라포형성이란 두 사람 이상의 관계에서 발생하는 공감적이며 상호 반응적인 일치감을 나타내는 상태를 말한다. 라포가 형성되면 서로 호감 및 신뢰감이 생기고 마음속의 깊은 생각까지도 표현할 수 있다. 따라서 대화의 전제 조건으로 라포형성이 중요하며, 라포가 쌓일수록 내면의 말들을 자연스럽게 할 수 있다. 이러한 라포형성은 코칭 장면에서 코치와 코치어 간에 상호 창조적이고 상호 협력적인 관계를 형성하기 위하여 시작 전에 이루어져야 한다. 이렇게 형성된 신뢰적인 관계를 바탕으로 코치는 코치어를 적극 지지해 주고, 함께 해결점을 찾아가는 것이다.

2) 2단계: M

M(Map Finding)은 목표설정 단계다. 현실을 점검하고 목표를 세우는 것이 순서라고 생각할 수도 있으나, 현실에 기초한 목표는 부정적이고 대응적이기 쉬우므로 현실을 점검하기에 앞서 목표부터 세워야 한다. 코칭에서 목표설정은 매우 중요하다. 어떤 목표를 설정하느냐에 따라 코치어는 더 많이 동기화되고, 목표달성을 위해 더 많은 행동을 하기 때문이다 (Locke & Latham, 2002). 따라서 코치어가 성장하고 싶은 부분에 대하여 스스로 목표를 세우고 그 목표의 주인이 되도록 해야 한다.

3) 3단계: I

I(Investigation)는 현실점검 단계다. 코치어가 원하는 목표를 달성하기 위한 출발점을 결정하기 위해서는 현실점검이 필요하다. 여기서 현실점검이란 코치어가 현재 처해 있는 단순한 현실을 파악하는 것이 아니라, 목표와 관련된 현실에 대하여 다양한 관점에서 해석하는 것이다. 현실에 대한 관점의 전환으로 목표를 달성하기 위해 무엇을 해야 할지 성장과제, 즉 대안을 도출할 수 있다.

4) 4단계: N

N(New Planning)은 대안탐색 단계다. 현실점검(Investigation) 단계에서 객관적인 상황이 규명되고 관점의 전환이 일어났다면, 대안탐색 단계는 자연스럽게 시작할 수 있다. 이 단계는 가능한 대안탐색 및 다른 전략 혹은 행동을 파악하는 단계다. 즉, 몇 가지 잠재적인 해결책을 도출하기 위해 가능한 행동계획을 되도록 많이 찾아내도록 하고 그중에서 가장 실행 가능성이 높은 행동계획을 선택하는 것이다. 따라서 이 단계에서는 대안의 양이 대안의 질과 실현 가능성보다 중요하다. 만일 대안수집 과정에서 선호도, 검열, 비난, 장애물, 달성 가능성이 개입된다면 귀중한 대안을 놓칠 수 있고 선택에 제한이 있을 수 있기 때문이다.

5) 5단계: D

D(Dropping Obstacle)는 실행계획 수립 단계다. 이는 대안탐색 단계에서 찾은 다양한 대안 중 가장 실행 가능성이 높은 행동계획을 실제적인 행동으로 옮기는 단계다. 이 단계는 코치어가 현재 수립한 계획에서 필요한 자원을 찾고 어려운 점이나 장애물이 없는지 확인하여 목표를 달성하기 위해 무엇을 해야 하는지 구체적으로 생각하게 한다.

이와 같은 코칭 프로세스는 결정하고, 계획을 짜고, 행동하는 과정을 구체적으로 보여 준다. 따라서 행동의 변화를 지원하는 목표 지향적이고 행동 지향적인 특징을 갖고 있기 때문에 개인의 진로결정에 있어서 단기간 내에 효과적인 성과를 보일 수 있는 접근이라고 할 수 있다.

3. S-MIND 진로코칭

개인의 가치관에 따른 직업관을 확립하기 위해 능력과 강점을 파악하여 본인의 적성에 맞고, 가능성을 최고로 실현할 수 있는 직업을 찾을 수 있도록 도우며, 직업 안에서 핵심 인재로 성장하기 위한 전략 등을 개발하는 것이 진로코칭이다(박윤희, 2010). 대학생이 자신과 외부 환경을 탐색하여 자신과 직업세계에 대한 이해를 토대로 실현 가능한 대안들을 탐색하고 이 중 최선의 대안을 선택하여 진로 의사결정을 할 수 있도록 S-MIND 진로코칭을 제안한다.

행동양식의 변화에 초점을 두고 있는 S-MIND 진로코칭은 행동적 변화를 지지하고 변화를 성취하는 행동 지향적인 문제해결 프로세스로 실질적인 행동계획을 통한 코치어의 성장과 발전에 초점을 맞춘다. 코치어 스스로에 대한 객관적 이해를 돕기 위해 질문하고 목표달성을 방해하는 장애물을 탐색하며 활용 가능한 자원과 대안들을 찾아 행동계획을 스스로 만들게 하는 과정을 자기주도적이고 목표 지향적인 진로탐색과정에 접목한 것이 S-MIND 진로코칭이다. 이 과정은 자기발견을 촉진하고 자기에게 있는 성장 가능성과 그것을 이루고자 하는 욕구를 찾아내고 목표를 향해 실행에 옮겨 스스로 성취를 경험할 수 있도록 도울 수 있을 것이다.

1) 라포형성(S) 단계

진로코칭의 첫 번째 단계는 라포형성(S) 단계다. 이 수업은 집단코칭으로 진행되므로 함께 하는 학우들과 수업을 시작하기 전 상호 신뢰할 수 있는 분위기를 조성하는 것이 매우 중요하다. 예를 들어, 적극적인 분위기 조성을 위해 지난 일주일 동안 있었던 일 중 즐거웠던 일, 새롭게 경험한 일이나 지난 회기 실행계획에 대한 수행 결과 또는 그 과정에서 느꼈던 것을 서로 나누며 이번 회기에 이루어질 기대도 함께 나눌 수 있다. 이 과정을 통해 머릿속에 있는 잡념을 확인하여 코칭과정에 집중할 수 있게 해 주며, 어떤 감정들이 코치이에게 영향을 끼치고 있는지를 탐색하게 함으로써 자기성찰 능력을 키워 줄 수 있다. 비록 짧은 시간이지만 이 회기를 통해 코치이들은 자신들의 삶을 나누며 수업 시간을 알차게 채워 갈 수 있는 준비를 할 수 있을 것이다.

> ⚙ **라포형성을 위한 질문**
>
> • 오늘 컨디션은 어떤가요?
> • 현재 당신의 머릿속에는 어떤 생각들이 있나요?
> • 지난 주 어떤 즐거운 일이 있었나요?
> • 지난 주 실행계획을 수행하면서 어떤 것들을 느꼈나요?

2) 목표설정(M) 단계

진로코칭의 두 번째 단계는 목표설정(M) 단계다. 목표를 정하기 위해 자신이 정말 바라는 것과 하고 싶은 것을 질문을 하게 되고, 이 질문에 대한 답은 코치이가 지향해야 할 방향과 목표를 알려 준다. 목표설정은 스스로 하는 것이다. 목표에 현실성이 없으면 희망이 없고, 도전적 요소가 없으면 동기부여가 되지 않는다. 따라서 모든 목표는 이 두 가지 요소를 함께 가지고 있어야 한다. 목표는 이상적인 최종목표를 세우고 난 다음에 그에 따른 현실적인 실행목표를 정하는데, 이때 최종목표는 동기를 부여해 주고, 실행목표는 그 내용을 구체적으로 규정한다. 이와 같은 목표는 하나의 주제에 대한 서로 다른 수준으로 일관성 있고 통합되어 있어야 자극을 받고, 창의력을 발휘하고, 의욕을 갖게 한다. 해야 하기 때문에 하는 것이 아니라 원하기 때문에 하는 것이라면 스스로의 선택으로 인한 자기 동기부여로 목표 실행을 더 잘할 수 있다. 예를 들어, 최종목표가 내가 원하는 직업을 찾는 것이라면 실행목표는 나의 적성·흥미·가치관·직업에 대한 이해 그리고 정보 활용 능력 함양 등이 될 수 있다. 실행목표는 자신이 통제할 수 있는 영역에 있으므로 전념할 수 있으며, 책임지기 쉽다. 자신이 가지고 있는 목표를 구체화하고, 목표에 대한 우선순위를 부여하며, 목표의 적합성을 확인하는 과정을 거쳐 실행목표를 수립하게 된다. 목표를 설정하였다면 지정한 날까지 달성하고자 하는 목표를 SMART 형식의 한 문장으로 정리하여 효과적인 목표 선언문을 만들어 보라. 이는 여러분이 지속적으로 집중할 수 있는 중요한 지표가 될 것이다.

〈표 2-1〉 목표설정(SMART)

과 제	내 용
구체적인(S)	목표는 자신뿐만 아니라 타인도 명확히 알 수 있도록 구체적이고 분명하게
측정 가능한(M)	어느 정도 달성되었는지 관찰 가능하며 계량화할 수 있게
달성 가능한(A)	목표달성을 위해 무엇을 해야 하는지를 명확하게
현실적인(R)	현실적으로 적절하고 실현 가능하게
기간 설정(T)	목표달성 시간과 시기를 적절하게 설정하여 평가하게

다음 목표설정을 위한 질문에 답을 찾아보자. 매 수업 시간마다 질문에 대한 답을 찾는 과정이 바로 코칭의 시작이다.

⚙️ **목표설정을 위한 질문**

• 이번 시간에 무엇에 대해 가장 이야기하고 싶나요?
• 이 수업이 성공적이라고 평가하려면 어떤 결과가 나와야 할까요?
• 목표를 달성했을 때 어떠한 점이 달라질 것 같나요?
• 이 수업을 통해 무엇을 얻고 싶나요?
• 자, 이제 그것을 가지고 짧은 문장을 만들어 보세요. 언제까지 무엇을 이루고 싶나요?

3) 현실점검(I) 단계

진로코칭의 세 번째 단계는 현실점검(I) 단계다. 앞서 여러 가지 목표를 정했으므로 이제 현재 상황을 점검해야 한다. 이 단계에서는 목표를 둘러싸고 있는 현실에 대해 코치어 스스로 다양한 관점에서 해석할 수 있어야 하는데, 가장 중요한 것은 객관적인 상황 자체를 규명하는 것이므로 구체적인 사실을 이끌어 내야 한다. 이 단계에서는 자신과 자신이 처한 상황에 대하여 구체적이고 객관적인 탐색이 이루어져야 한다. 그리하여 미처 자신에 대해 알지 못했던 능력을 깨달을 뿐 아니라 이미 자기가 가지고 있는 자원들을 활용하여 자신의 적성과 능력을 보다 잘 인식하고 성장할 수 있어야 한다. 예를 들면, "지금까지 자기에게 맞는 직업을 찾기 위해 무엇을 해 보았나요? 그것이 얼마나 효과가 있었나요?"와 같은 질문을 통해 생각과 행동 간의 차이, 즉 많은 사람이 스스로가 생각만 하고 행동은 전혀 취하지 않았다는 사실을 깨닫게 될 것이다. 이런 과정을 통해 현실을 분명하게 파악하였다면, 자신의 불만족스러운 상태를 스스로 인식하고 만족한 상태로 가기 위해 꿈이나 비전에 대한 이야기를 다시 논의하여 목표의 초점을 확실히 하는 과정이 필요할 수도 있다.

⚙ 현실점검을 위한 질문

- 진로선택을 위해 시도해 본 것은 무엇이며, 그것이 어떤 변화를 가져왔나요?
- 현 상황에 이르게 한 상황이나 선택에는 무엇이 있나요?
- 잘된 것은 무엇인가요?
- 오늘/이번 주에 그것과 관련해서 실제적으로 이루어 낸 것은 무엇인가요?
- 실행계획과 관련한 일들이 지난주에는 어떻게 진행되었나요?

---

4) 대안탐색(N) 단계

진로코칭의 네 번째 단계는 대안탐색(N) 단계다. 대안탐색 단계에서는 스스로 행동변화의 가능성을 발견하고 이에 집중함으로써 '옳은' 답을 찾는 것이 아니라 가능한 한 많은 대안을 찾는 것이 중요하다. 이런 경우 대부분 처음 떠오르는 몇 가지 아이디어들은 이미 생각해 보았거나 시도해 본 적이 있는 것들이다. 또한 흔히 두세 가지 해결책을 찾으면 더 이상은 방법이 없다고 멈추어 버린다. 하지만 이 단계에서 진정으로 의미 있는 순간은 자신이 현재 가지고 있는 생각의 틀에서 벗어나 사고를 창의적으로 전환하는 때다. 다른 사람의 판단에 신경 쓰지 않고 자신의 생각과 아이디어를 표현할 수 있도록 하여 "~한다면 어떻게 하겠는가?"라는 질문을 통해 보다 잠재적인 해결책을 도출하기 위한 창의적인 생각이 나올 수 있도록 스스로를 자극한다면, 넘을 수 없는 장애물도 극복할 수 있는 방법을 찾을 수 있을 것이다. 즉, 스스로를 제약하는 가정에서 벗어나 새로운 방식으로 문제를 해결하는 것이다. 그러면서 자신이 선택한 방법이 최선의 것이라고 진정 믿는 것이 중요하다. 목표달성을 위한 실행계획을 수립하는 과정을 비롯하여 예상되는 장애를 극복하는 방안을 탐색하고 그중에서 가장 실행 가능성이 높은 행동계획을 선택하는 것이 중요하다. 즉, 여러분은 '할 수 있는(could do)' 것을 찾고, 이러한 잠재적인 해결책 중에 '하고 싶은(want do)' 것을 결정하고, '해야 하는(will do)' 것을 행동에 옮기도록 약속하는 것이다.

> **☼ 해결책을 만드는 질문**
>
> • 과거에 성공했던 방법은 무엇인가요?
> • 현재 상황에서 목표에 도달하기 위해 자신이 할 수 있는 것은 무엇인가요?
> • 최소한 다섯 가지 실행 가능한 해결책을 만들어 보세요.
> • 만약 자신에게 무한한 자원이 있다면 그리고 반드시 성공한다면 무엇을 시도하고 싶나요?
> • 이 문제에 대해 누가 당신을 도울 수 있나요?
> • 이 문제를 극복하기 위해서 어떤 자원을 동원할 수 있나요? 창의적인 아이디어를 위해 누구에게 의견을 물어볼 수 있나요?
> • 이 해결책 중에 어떤 것이 가장 효과적일까요?

5) 실행계획 수립(D) 단계

진로코칭의 마지막 단계는 실행계획 수립(D) 단계다. 자신의 꿈을 찾고 비전을 계획한다 하더라도 취업에 대한 불안감과 자기에 대한 이해 부족, 적성에 대한 혼란 등으로 계획을 행동으로 옮기지 않으면 무의미하다. 이런 관점에서 실행계획 수립 단계에서는 할 일에 대해 명확하게 언어화하여 책임감과 헌신을 이끌어 내야 한다. 이때 대안은 아이디어 형태로만 존재할 뿐 아직 구체적인 내용이 없다. 대안의 내용을 분명하게 하여 실행할 수 있도록 하기 위해서는 최종목표 및 실행목표와 부합하는지 점검을 해야 하고, 시한을 구체적으로 정해야 한다. 그렇게 하기 위해 실행계획 또한 목표설정 시 사용했던 SMART 기법을 활용할 수 있다. 다시 말해서, "무엇을 하려고 하는가?"라는 질문에 대하여, 행동은 '무엇(what)'에 대한 질문에 답을 찾는 것으로 어떤 행동을 하거나 하지 않겠다는 것과 관련이 있다. 구체적으로 무엇을, 언제, 어디에서, 어떻게 할 것인지를 질문함으로써 그 행동을 촉진할 수 있다. 실행할 수밖에 없는 환경을 조성하여 직접 실행해 봄으로써 성공을 경험하고, 이처럼 작은 성공 경험을 통해 자신을 신뢰하게 되며 자기주도성을 강화시켜 나갈 수 있다. 행동에 방해가 될 수 있는 상황을 대비하고 피해 가는 것도 중요하다. 계획하고 있는 행동을 다른 사람들에게 알림으로써 외부의 도움을 받을 수도 있고, 계획의 실행률이 높아지는 효과를 거둘 수 있다. 스스로 실행 의지를 1~10점으로 평가해 보고, 8점 이상으로 올릴 수 있도록 계획을 줄이거나 시간을 연장하는 방법을 쓰는 것도 실행력을 높이는 방법이다. 또한 앞으로 코칭에서 행동계획에 대한 과제는 항상 다음 수업에서 점검하고 격려하여 자기실행력을 높일 수 있는 아주 중요한 과정이다.

실행계획 질문

- 당신이 목표에 다가가기 위해 이번 주에는 무엇을 할 수 있을까요?
- 그 선택을 구체적인 행동으로 만들기 위해서는 무슨 일을 언제까지 해야 할까요?
- 10점 척도로 평가한다면 다음 행동 단계에서 당신의 실행 점수는 얼마나 될까요?
- 그 점수를 8점 이상으로 올리기 위해서 행동 단계를 어떻게 조정할 수 있을까요?

　자기이해를 바탕으로 자신에게 맞는 진로를 탐색하고 자기주도적인 진로준비 활동을 통하여 최종적인 진로선택에 이르게 하는 데 S-MIND 진로코칭이 효과적으로 작용할 것이다. S-MIND 진로코칭은 스스로 자발적인 새로운 행동을 취하고 실행의지를 보일 수 있도록 조력해 준다. 매주 수업에서 지난 수업의 행동계획을 점검하며, 수업이 종료될 때마다 다음 수업까지의 새로운 행동계획을 수립한다. 이 계획에는 이를 성취할 수 있도록 돕는 구체적인 행동계획이 포함되기 때문에 진로 탐색 및 설계에 효과적일 수 있다. 이 과정대로 자신을 믿고 스스로를 실험해 보길 바란다. S-MIND 진로코칭은 열정, 목표, 가치 그리고 그 이상적인 일—그 일을 하기 위해 세상에 태어났다고 믿는 진실로 만족할만한 일—의 다른 중요한 것들과 연결시켜 줄 것이다. 성공의 비결은 자신의 일을 천직으로 만드는 데 있다. 대부분의 사람은 일생을 10만 시간이 넘게 일하며 보낸다. 그런데 60% 이상의 사람들이 자신의 일을 즐기지 못한다. 이 S-MIND 진로코칭을 통해 자기발견을 촉진하고, 삶의 목적과 목표를 분명히 하며, 나아가 자신의 경력을 잘 관리하기 위한 능력을 갖게 되어 스스로의 일을 즐기는 삶이 되길 바란다. 그리고 이 책을 마무리할 때쯤 여러분이 스스로 만족할 만한 진로설계가 이루어지길 바란다.

지금까지 살펴본 것을 바탕으로 다음의 활동을 해 보자.

Seeing You & Me (라포형성)

• 이번 주에 있었던 일 중 가장 기억에 남는 즐거운 일에 대해서 간단하게 적고 나눠 봅시다.

Map Finding (목표설정)

• 이 수업을 통해 이루고 싶은 목표를 설정해 봅시다.

나는 전공 선택 과정 점검을 통해,

를(을) 기대한다.

📋 **Investigation (현실점검)**

- 자신의 전공 선택 과정을 정리해 봅시다.

  −언제부터 이 전공에 관심을 가졌나요?

  _____

  −어떤 기준을 가지고 전공을 선택했나요?

  _____

  −전공 선택에 영향을 준 주변 사람이 있다면 누구인가요?

  _____

- 현재 나의 전공에 대한 만족도를 표시해 봅시다.

```
├────┼────┼────┼────┼────┼────┼────┼────┼────┼────┤
0    1    2    3    4    5    6    7    8    9    10
```

- 나에게 이 전공이 맞다면 어떤 점 때문인가요?

  ···

  _____

- 나에게 이 전공이 맞지 않다면 어떤 점 때문인가요?

  ···

  _____

New Planning (대안탐색)

• 앞으로 이 수업을 통해서 변화하거나 성장하고 싶은 것이 있다면 무엇인가요?

• 앞으로 이 수업을 통해서 변화하거나 성장하기 위해 자기가 할 수 있는 것들을 모두 적어 보세요(예상되는 장애물, 필요한 지원 등을 포함).

📋 Dropping Obstacle (실행계획)

• 자기가 할 수 있는 일 중에 이번 주에 당장 해 볼 수 있는 일을 한 가지만 선택해서 실행계획을 명료하게 세워 봅시다(구체적으로, 측정 가능한, 달성 가능한, 현실적인, 기간 설정).

무엇을?	
어떻게?	
언제?	

• 그 일을 달성하기 위한 구체적인 실행계획을 점검해 봅시다.

실행계획					
구체적인가(S)	측정 가능한가(M)	달성 가능한가(A)	현실적인가(R)	실행 기간은(T)	합계
0 1 2	0 1 2	0 1 2	0 1 2	0 1 2	

2부

자기이해

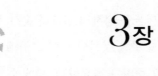

3장
내 인생의 주인공

남을 아는 것은 현명하다.
그러나 나를 아는 것은 더 현명하다.

– 노자

학습목표

- 자아정체감, 인생목표, 가치관을 이해한다.
- 자아정체감, 인생목표, 가치관과 진로와의 관련성을 이해한다.

성공적이고 행복한 여행을 하려면 치밀한 계획과 준비가 필요하다. 우리는 보다 편안하고 알찬 여행을 위해 여행지를 선정하고 준비물을 정하며 필요한 순서에 따라 가방에 정리한다. 그럼에도 막상 여행지에 가서는 준비하지 못한 것들이 있어 그곳에서 급하게 마련하기도 한다. 짧은 기간의 여행에도 이처럼 계획과 준비가 필요한데, 평생에 걸쳐 직업적 경력을 쌓고 유지하기 위해서는 더 많은 계획과 준비가 필요하다. 따라서 이러한 준비는 모든 사람의 주요한 생애 과제라 할 수 있다. 그러므로 생애 과제를 기획하고 추진해 가는 커리어 로드맵에서는 특별한 계획과 준비가 필요하다. 특히 커리어 개발을 위한 로드맵에서 중요한 시기인 대학 재학 기간 중 자신이 좋아하고 잘하고 원하는 직무를 바탕으로 직업을 찾아내는 것이 중요하다. 이 과정에서는 커리어 개발을 위해 자신이 다른 사람과 어떤 점에서 유사하며 어떤 점에서 차이가 있는가에 대해 생각해 보아야 할 것이다. 이는 개인의 커리어 비전을 확립하는 것이다. 그리고 이러한 비전을 자신의 욕구에 따라 확립하고 이에 기초하여 목표를 설정하며 자신의 선택적 행위들을 통해 현실을 변화시켜 스스로에게 의미를 남겨야 한다.

우리는 누구나 어떤 사람이 될 것인지 미래에 대해 궁금해하고, 불확실한 미래에 대해 걱정하기도 한다. 하지만 우리의 미래는 지금의 나로부터 시작된다. 미래의 내가 얼마나 행복할 수 있는가는 현재의 내가 결정하는 것이다.

개인 인생의 방향을 결정하고 연출해 나가는 과정에서 자기 자신이 주연인지 조연인지에 따라 삶의 질은 매우 다를 것이다. 인생의 멋진 주연으로 살아가기 위해 가장 나다운 것을 찾아가는 과정이 바로 생애설계의 과정이다. 다른 사람이 나를 규정하는 것이 아니라, 진정한 내가 누구인지에 대해 스스로를 들여다보고 인정하고 좋아하며 긍정적으로 평가하는 과정을 통해 자신의 성격과 관심, 가치와 기술에 대해 구체적이고 깊이 있게 이해해야 한다. 또한 자신에게 잠재되어 있는 다양한 특성을 보다 명료화함으로써 스스로의 능력에 대해서도 분명히 파악해야 한다.

우리는 매일 겪는 주변 사건이 어떤 의미인지에 대해 무의식적인 메시지를 듣게 된다. 그러나 이런 무의식적인 메시지는 어린 시절 주요한 타인에 의해 만들어진 것으로, 스스로를 정확하게 인식하는 데 도움이 되기보다는 타인이 규정짓는 세계에 자신을 묶어 버리게 만든다. 때로는 이 메시지가 자아정체성마저도 규정짓고, 자신을 정해진 운명처럼 받아들이게 만든다. 그러나 우리는 누구도 이런 운명적인 메시지에 스스로를 가둔 채 살아가고 싶어 하지는 않을 것이다.

타인과 구별되는 독특하고 특별한 자신을 이해하고 자신의 경험과 욕구에 따라 세상을 바로 볼 수 있는 정체감이 형성된다면, 스스로가 원하는 방향을 선택하고 상황에 따라 자유롭게 조율하면서 진정한 자기로 살아가게 될 것이다. 또한 자기 인생의 주인공이 된다는 것은 스스로 삶의 목표를 세우고 이를 향해 나아가는 것이며, 삶의 목표를 세우기 위해서는 스스로 중요하다고 생각하는 가치관을 잘 이해해야 한다.

인생을 이끌어 감에 있어 자신의 정체감에 대한 이해와 인생목표의 설정, 가치관 확립은 직업을 선택하는 과정에서 매우 중요하다. 이 장에서는 자기 삶의 주인공이 되기 위해 자신이 누구인지를 알며, 삶의 목표를 정하고, 중요한 가치를 아는 과정을 통해 스스로의 진로를 설계하고자 한다.

1. 자아정체감

바다를 항해하려면 목적지, 바다에 대한 정보, 나침판, 지도, 동료, 연료 등 많은 것을 준비해야 한다. 그러나 가장 먼저 알아야 하는 것은 타고 갈 배의 크기, 성능, 종류 등과 같이 배에 관한 것이다. 그래야 목적지에 갈 수 있는지, 목적지를 어디로 정해야 하는지, 어떤 연료가 얼마나 필요한지를 정할 수 있다. 인생도 마찬가지다. 삶을 살아가는 데 가장 중요한 것은 나를 정확히 아는 것이다. 그래야 내가 뭘 좋아하는지, 뭘 잘할 수 있을지, 뭘 하고 싶은지를 결정할 수 있다.

자아정체감은 한마디로 "나는 누구인가?"에 대한 대답이다. 자신에 대한 정체감이 없거나 애매하면 많은 어려움이 생긴다.

구체적으로, 내가 자신에 대해 가지고 있는 관점, 관념, 태도 같은 것을 자아정체감이라고 한다. 이것이 정확히 정립되어야 자기 인생의 주연이 되어 주체성을 가지고 책임감 있게 능동적으로 이 세상을 살아갈 수 있다. 자아정체감을 지닌 사람은 개별성, 총체성 및 계속성을 경험한다. 개별성은 가치나 동기가 타인과 공유되어도, 자신은 독특하고 특별하다고 인지하는 것이다. 총체성은 자신의 욕구, 태도, 동기, 행동양식 등이 전체적으로 통합되어 있음을 느끼는 것이고, 계속성은 시간이 경과하여도 자신은 동일한 사람이라고 인식하는 것이다. 이처럼 개별성, 총체성 및 계속성에 의해 형성된 자아정체감이 확고하면 타인의 생각과 평가에 따라 흔들리지 않고 자신에 대해 책임감을 가지며 심리적으로 자립할 수 있다. 마샤 (Marcia, 1966)는 정체감의 상태를 위기경험와 참여라는 두 개의 차원에서 네 가지 상태로 설명하였다. 여기서 '위기경험'이란 개인이 자신의 현재 상태와 역할에 대해 의문을 제기하고 이를 해결하기 위한 대안을 탐색하는 과정을 의미하며, '참여'란 자신에게 주어진 역할에 관심을 갖는 과정을 의미한다.

정체감의 네 가지 상태는 〈표 3-1〉과 같다.

〈표 3-1〉 정체감의 네 가지 상태

구 분		참 여	
		유	무
위기경험	유	정체감 성취	정체감 유예
	무	정체감 유실	정체감 혼미

1) 정체감 혼미

위기경험도 없고 참여도 없는 정체감 혼미란 자기 의심에 빠져 있으나 개인적 해답을 얻기 위한 필요성을 느끼지 않으며 상황을 변화시키기 위한 어떠한 노력도 시도하지 않는 것이다. 따라서 청소년기의 주요 발달과업이라 할 수 있는 진로목표를 설정하는 데에 무관심하며, 또는 선택 상황에서 결정하지 못하고 힘들어할 수 있다.

2) 정체감 유실

위기경험은 없으나 참여는 있는 정체감 유실이란 초기 아동기에 동일시했던 역할과 가치만을 채택하려는 경향이 있어 자신의 역할을 확립하기 위해 노력하기보다는 부모처럼 중요한 타인의 가치와 기대를 무조건적으로 수용하고 채택하려는 것이다. 따라서 자신의 진로를 스스로 선택할 수 있음에도 불구하고 부모나 중요한 타인의 의견을 무조건적으로 수용하는 형태의 수동적인 진로목표를 설정하려 한다. 이 경우 진로탐색은 어렵지만 의존적인 경향성을 보이는 진로결정은 할 수 있다.

3) 정체감 유예

위기경험은 있으나 참여는 없는 정체감 유예란 현재 정체감 위기의 상태에 있으나 이것들을 해결하기 위해 어떠한 노력을 하고 있는 중임을 의미한다. 이 경우 참여의 부재에 따라 행동으로 실천하는 것이 어려운 상태다. 따라서 진로탐색에는 적극적이지만 지나치게 다양한 역할 수행 실험을 통해 의사결정 과정 자체에서 혼란을 경험하며, 결과적으로 진로결정을 지연하는 경향이 있다고 볼 수 있다.

4) 정체감 성취

위기경험도 있고 참여도 있는 정체감 성취란 위기를 성공적으로 극복하고 신념, 직업, 사회적 견해 등에 대해 스스로 의사결정을 할 수 있음을 의미한다. 따라서 능동적이고 합리적인 방법으로 진로를 탐색하고 결정할 수 있는 상태다.

정체감의 정립은 자신을 이해하는 것에서 시작된다. 자신을 이해하기 위해서는 먼저 인간발달의 일반적인 과정을 이해하는 것이 필요하다. 삶에 중요한 방향 전환을 가져오는 다양한 사건과 변화가 생애주기 속에 있다. 이러한 변화는 자신과 세계에 대한 기본 가정을 바꾸어 놓는다. 일상생활 속에서 생각하고 느끼고 행동하는 방식과 일치하는 방향으로 자신에 대한 인식 내용을 변화시켜 나가는 것이다. 결국 발달적 변화와 사건들은 자기 자신이 누구인지의 개념을 변화시킨다. 대부분의 사람들은 살아가는 동안 겪게 되는 변화 앞에서 그동안의 익숙한 체계를 깨뜨리지 않으려고 노력한다. 가끔은 이러한 변화가 인생의 위기를 만들기도 하는데, 이 위기는 개인의 삶을 혼란스럽고 고통스럽게도 한다. 하지만 이는 어떤 개인에게 성장의 전환점이 되기도 하고 자신의 잠재력을 실행하는 과정이 되기도 한다. 따라서 이러한 인생의 변화나 위기를 피해가려고 하기보다는 발전의 계기로 삼아 그 속에서 진정한 자신을 만나야 할 것이다. 이와 같은 발전의 계기를 마련하기 위해서는 무엇보다 자신의 가치에 대한 재평가와 개인의 정체감 정립이 우선되어야 한다.

정체감이 현실로 드러나는 과정이 바로 진로설계다. 진로는 직업뿐만이 아니라 인생 전반에 걸친 삶의 과정이라고 할 수 있다. 또한 삶의 구조화로 스스로 삶의 양식을 구축하고 그것을 향해 나아가는 것이다. 이는 곧 '내 삶의 주인공되기'다. 즉, 가장 나답게 살아가는 방법을 찾아 내가 원하는 것을 하고 살아갈 수 있도록 하는 생애설계다. 이제 세상의 잣대에서 벗어나 내 인생의 주인공이 되기 위해 가장 나다운 것을 찾아가고 나의 가장 강한 욕구를 발견하여 인생의 방향을 정해 나아가는 여행을 시작해 보자.

2. 인생의 목적

자신에게 최적의 직업을 선택하려는 사람들을 보면 인생의 목적을 가지고, 목적에 맞는 목표를 세우고, 실천을 통해 자신의 직업을 찾아간다. 인생의 목표를 설정하는 것은 삶을 살아가는 특별한 명분을 마련하고 그것을 실현함으로써 삶의 질을 향상시키고 행동에 대한 동기를 제공하는 것이다. 목적 없는 인생은 삶의 이정표가 없는 상태를 살아가고 있는 것이기에 매우 불안정하다. 인생을 살아감에 있어 자신이 살고 싶은 바람직한 미래를 설계하고 실천해야 할 것이다. 인생의 목표는 삶을 보다 의미 있게 살도록 만들어 주고, 올바른 삶의 방향으로 나아갈 수 있도록 도와준다. 분명한 인생의 목적은 자기 안에 있는 잠재력을 최대한 발휘할 수 있는 원동력이 되고, 실수나 실패에도 흔들리지 않고 용기를 북돋아 주는 동기유발의 원천이 된다. 하지만 인생의 목적을 발견하는 것은 그리 쉬운 일이 아니다. 인생의 목적을 설정하는 과정에서 흔히 만나게 되는 장해물은 다음과 같다.

• 흥미, 능력, 열정의 가치를 간과하는 것
우리 모두는 각자 흥미, 능력, 열정을 가지고 있다. 그러나 자신의 미래를 설계할 때 자기가 가진 것을 간과하고 주변에서 원하는 것에 더 귀를 기울이는 경향이 있으며, 심지어 흥미와 능력, 가치를 과소평가하거나 과대평가해서 적절한 인생목적을 세우는 데 어려움을 겪기도 한다. 따라서 자신의 흥미, 능력, 열정은 인생목적을 설정하는 데 중요한 단서임을 놓치지 말아야 한다.

• 무조건 다른 사람들과 자신의 인생목적은 다르다고만 주장하는 것
자신의 인생에 대한 구체적인 설계 없이 단지 다른 사람과 다르게 살기만을 희망한다면,

목적이 없는 것과 다름이 없다. 따라서 자신의 인생의 목적이 타인과 무엇이 어떻게 다르며, 어떻게 실현할 수 있는지에 대해 구체적으로 살펴서 가시화할 필요가 있다.

• 생계 유지만을 인생의 목적으로 강조하는 것

인생의 목적은 단순히 살아가는 것이 아니라 어떻게 살아가야 하는가가 더 중요하다. 인생의 목적을 설정할 때 생계의 어려움을 해결하고자 하는 단순한 목적만으로는 일에 대한 만족감을 얻기가 어렵다. 많은 어려움을 경험하더라도 이를 통해 자신의 적절한 절충점을 찾아갈 수 있게 된다.

• 인생목적은 특별한 사람들만 가진다고 생각하는 것

모든 사람은 인생의 목적을 가지고 있다. 그러나 그것을 발견하는 사람과 그렇지 못한 사람은 인생은 살아가는 데 많은 차이를 보일 수 있다. 목표를 설정하고 살아가는 사람은 인생의 이정표를 가지고 있기 때문에 인생의 길을 잃지 않을 수 있고, 설령 길을 잃어도 빠르게 제자리를 찾아올 수 있다. 따라서 인생목적을 발견하는 것은 개인의 일과 인생의 만족감을 증가시키고 자기 인생의 주인이 될 수 있게 해 준다.

3. 가치관의 개념

가치관이란 무엇인가? 간단히 말하면, 자기 자신에게 본질적으로 의미가 있고 바람직한 것들이다. 그것은 개인이 무엇을 하고 혹은 하지 말아야 하는가의 선택의 기준이 된다. 따라서 가치관은 직업을 선택하는 데 중요한 요소다. 자신의 일과 그 일이 사회에 기여하는 것에 대해 어떻게 느끼는가를 결정하기 때문이다. 만약 자신의 가치관과 맞지 않는 일을 선택하게 된다면 그 사람은 행복하지 못할 것이나, 반대로 자신의 가치관과 맞는 일을 찾은 사람은 그 일로 인해 만족감과 성취감을 느끼게 될 것이다. 가치관을 직업결정과 진로선택에 연관시키는 것은 그 일을 선택하는 이유를 정확하게 알고 인생의 목표를 정하도록 하는 원동력이 된다. 〈표 3-2〉는 일에 대한 가치관 형태를 구분한 것이다.

〈표 3-2〉 일에 대한 가치관 형태

내재적 가치관	외부적 가치관
• 일 자체의 가치관 • 일이 사회에 주는 이익 　(사회적 책임)	• 일이나 직업의 외적 조건 　(직업 환경, 급여, 성장 기회)
문화적 가치관	기능적 가치관
• 목적과 성격 • 직업적 발전의 전반적인 방향 　(책임성, 자율성)	• 문화적 가치관의 직업현장에의 활용 및 운영 　(융통성, 고용인 오리엔테이션)

　　일에 관한 자신의 가치관을 확인하는 방법은 "일은 왜 하는가?" "일을 통해 무엇을 이끌어내기를 원하는가?"라는 질문에 답해 보는 것이다. 일을 하는 데 있어서의 가치관은 다음과 같다.

- 즐거움(일을 하는 것에 대한 재미)
- 우정(동료들과 가까운 관계로의 발전)
- 자유로움(독립적이고 융통성 있는 스케줄 관리)
- 인정(일의 성과, 능력에 대한 자신, 타인의 수용)
- 창의성(일에 대한 생각, 아이디어 등 자신을 표현할 기회)
- 위치(선택한 곳에서 일할 수 있는 것)
- 경쟁(자신의 능력을 발휘하는 것)
- 힘의 권위(관리, 감독, 결정권을 가지는 것)
- 성취(바라는 목표를 달성하는 것)
- 보수(기여한 노력에 상응하는 돈과 혜택을 받는 것)
- 다양성(수행하는 일의 다양성, 관계의 다양성)
- 안정성(일에 대한 확실성, 안정되고 미래에 대한 걱정이 없는 상태)
- 명성(인정과 지위를 얻는 것)
- 지적 자극(사고를 자극하고 격려하는 근무 환경)
- 도덕성과 윤리(일정한 규칙에 따라 일하고, 세상의 윤리를 향상시키는 것)
- 다른 사람과 사회를 돕는 것(더 나은 세상을 위해 기여하는 것)

삶의 가치관을 어디에 두느냐에 따라 진로의 방향은 달라질 수밖에 없다. 따라서 지금까지 자신의 선택에 있어 중요한 기준이 된 것, 중요하게 생각하는 가치관이 무엇인지에 대한 자문을 통해 자신의 가치관을 이해하고 확립하는 것은 자신의 삶을 스스로 설계해야 하는 대학생에게 중요한 과제가 될 것이다.

자기 인생의 주인공이 되고 자신에 대해 보다 잘 이해하기 위해 자아정체감과 인생목표, 가치관을 S-MIND 활동을 통해 살펴보자.

과제

• 진로적성검사(홀랜드, 스트롱 검사 등), 성격유형검사(MBTI) 실시하기

📝 Seeing You & Me (라포형성)

• 지금까지 살아오면서 가장 행복했던 순간을 적고 나눠 봅시다(가장 의미 있었던 일, 성공 경험 등).

• 나에게 가장 중요한 것 세 가지를 찾아보고 그 이유를 적어 봅시다.

나에게 중요한 것	이유

📋 Map Finding (목표설정)

• 이 수업을 통해 이루고 싶은 목표를 설정해 봅시다.

나는 이 수업을 통해,

_____

_____

_____

를(을) 기대한다.

📋 Investigation (현실점검)

• 자신의 현재 정체감 수준(혼미, 유실, 유예, 성취)을 표시해 봅시다.

구 분		참 여	
		유	무
위기 경험	유	정체감 성취	정체감 유예
	무	정체감 유실	정체감 혼미

• 그 이유를 찾아 적어 봅시다.

📝 **New Planning (대안탐색)**

• 나의 정체감을 '성취' 수준으로 올리기 위해 노력해야 하는 것(심리적 · 정서적 · 행동적 실천
등)은 무엇인가요?

① _____

② _____

③ _____

• 나에게 중요한 것 세 가지를 갖기 위해 노력해야 하는 것을 적어 봅시다(라포형성: '나에게 가
장 중요한 것 세 가지' 참조).

① _____

② _____

③ _____

📝 **Dropping Obstacle (실행계획)**

• '정체감 성취'와 가치관 확립을 위해 이번 주에 당장 할 수 있는 구체적인 일은 무엇인가요?

① _____

② _____

③ _____

• 그 일을 달성하기 위한 구체적인 실행계획을 점검해 봅시다.

실행계획					
구체적인가(S)	측정 가능한가(M)	달성 가능한가(A)	현실적인가(R)	실행 기간은(T)	합계
0 1 2	0 1 2	0 1 2	0 1 2	0 1 2	

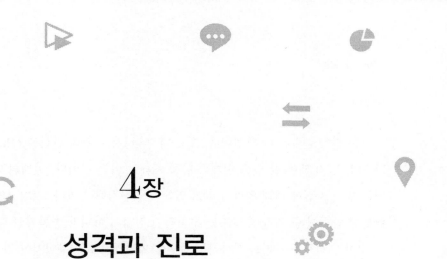

4장

성격과 진로

모두가 장미일 필요는 없다.
사람은 누구나 꽃이다. 그러나 모든 꽃이 장미일 필요는 없다.
모든 꽃이 장미처럼 되려고 애를 쓰거나
장미처럼 생기지 않았다고 실망해서도 안 된다.
나는 내 빛깔과 향기와 내 모습에 어울리는 아름다움을 가꾸는 일이 더 중요하다.
어찌하여 장미는 해마다 수없이 많은 꽃을 피우는데
나는 몇 해가 지나야 겨우 한 번 꽃을 피울까 말까 하는 난초로 태어났을까 하고
자책할 필요가 없다.
나는 장미처럼 화사한 꽃을 지니지 못하지만
장미처럼 쉽게 지고 마는 꽃이 아니지 않는가?

– 도종환, 『사람은 누구나 꽃이다』 중에서

학습목표

- 자신의 성격특성을 이해한다.
- 자신의 성격에 맞는 진로를 탐색할 수 있다.

모든 것의 출발은 나 자신이다. 멋진 나, 더 나은 나로의 변신을 시도하는 출발점에서 우리가 가장 먼저 해야 할 일은 현재의 나를 제대로 아는 것이다. 현재의 나를 제대로 알기 위해서는 먼저 자신에 대해 얼마나 알고 있는지를 점검해야 한다. 여기서의 자기 점검은 다른 사람들이 만들어 준 과정에 맞추는 수동적인 점검이 아니라 능동적인 점검이 되어야 한다. 모든 것이 그러하듯 자기를 알아가는 출발은 자발적으로 이루어져야 진정한 자기 자신을 발견할 수 있는 기회가 된다.

사람은 모두 다르다. 생김새 등 드러나는 모습이 다를 뿐 아니라 생각하는 방식과 감정을 느끼고 표현하는 방식도 각기 다르다. 그러기에 사람들은 새로운 사람을 만나면 상대의 외모와 함께 그 사람만이 가지는 독특한 성향, 즉 성격이 어떤지에 대해서도 관심을 가지고 살피게 된다.

그렇다면 성격이란 무엇일까? 성격이란 정체성의 핵심을 형성하는 생각, 판단, 감정 반응의 패턴으로, 지속적으로 반복되며 어떤 환경에든 일관되게 나타나는 것이라고 할 수 있다. 성격은 10대부터 서서히 형성되어 대부분 20대에 완성되고 그 후로는 크게 변하지 않는다. 따라서 어른이 되어 초등학교 동창을 만나면 흔히 성격과 태도가 달라졌다고 느끼지만, 이후 60세가 넘어 다시 만나면 별반 차이를 못 느낀다고 한다. 한편, 이러한 성격 형성에서 습관이 지니는 역할은 매우 크다고 할 수 있고, 그러한 이유로 습관은 제2의 본능이라고도 한다. 이 때문에 좋은 습관 형성은 좋은 성격을 기르는 것이 되며, 나쁜 습관 형성은 나쁜 성격 형성의 본질이라고 하기도 한다.

사람은 살면서 환경에 적응하기 때문에, 이에 습관은 환경의 영향을 받는다고 할 수 있다. 알포트(Allport, 1961)는 성격이란 환경에 대한 개인의 독특한 적응을 결정하는 개인 내의 정신적 · 신체적 체계들의 역동적 조직이라고 말한다. 리버트와 리버트(Liebert & Liebert, 1998) 역시 성격을 '개인의 사회적 · 물리적 환경에 대한 행동과 반응들에 영향을 주는 특정한 개인의 신체적 · 심리적 특징들의 독특하고 역동적인 조직'이라고 하였다. 즉, 성격은 다른 사람과 구분되는 독특한 모습이 환경과의 상호작용에 의해 나타나는 것을 말하며, 정신적인 부분뿐만 아니라 신체적인 체계와도 관련이 있어 이것들이 조직화되어 반복적으로 나타날 수 있다.

사람은 저마다 독특한 다른 성격(personality)을 가지고 있다. 성격은 타고난 기질과 환경이 상호작용하여 형성되는 것으로 어떤 성격이든 그 자체가 좋고 나쁜 것은 없다. 오히려 자신의 고유한 성격을 알아보고, 나와 타인의 다름과 자신만의 개성과 강점을 수용할 때 성격의 성숙과 발달을 이룰 수 있게 된다.

직업 선택에 있어서 개인의 성격이 큰 영향을 미친다. 성격은 개인이 시간과 상황에 상관없이 지속적으로 지니는 일관된 특성으로, 그 사람의 정서적인 반응과 사회적 행동에 강력한 영향을 미친다. 어떤 사람은 타인과의 접촉이 많은 활동적인 일을 좋아하고 또 활달하게 잘 수행한다. 반면, 어떤 사람은 사무실에서 자료를 정리하고 계획하는 일을 좋아하고, 그런 일을 꼼꼼하게 잘 처리한다. 이렇듯 사람마다 성격이 다르고, 성격마다 맞는 일이 다르다. 그렇기에 성격은 진로선택 시 고려해야 할 중요한 요인이다.

성격은 밖으로 드러나는 외면적 특성뿐만 아니라 외적으로 판단하기 어려운 복잡한 내면적 특성도 함께 지니고 있으므로 자신의 성격적 특성을 파악하기 위해서는 표준화된 도구를 활용하는 것이 좋다. 그중 대학에서 활용도가 가장 높은 검사도구는 MBTI 성격유형검사다.

MBTI(Myers-Briggs Type Indicator) 검사는 융(Jung)의 심리유형 이론을 근거로 개발된 검사다. 심리유형 이론에 따르면, 사람의 다양한 행동은 몇 가지 기본적인 선호 경향의 차이에서 비롯된 것이다. 선호 경향이란 선천적으로 인간에게 잠재되어 있는 경향성을 말하며, 사람은 자기가 좋아하는 기능이나 태도를 먼저 그리고 자주 사용하게 되므로 이를 파악할 필요가 있다. 인간은 제각기 다른 유형으로 분류되며 그에 따라 인식, 판단, 행동 양식이 다르므로, 먼저 자신의 성격 선호성에 대한 이해가 필요하다. 선호성에 따라 개인의 성격과 그 개인이 환경에 반응하는 태도가 다름을 이해하는 것은 자신과 타인의 성격역동을 이해하는 데 아주 유용하다. 뿐만 아니라 MBTI 검사는 진로선택의 가장 중요한 동기를 직업에 대한 흥미와 만족감으로 보며 개인의 선호도와 직업의 성격이 얼마나 잘 조화를 이룰 수 있는가를 검토하기 때문에 사람들이 자신의 관심 분야를 이해하고 자신의 능력을 발휘할 수 있는 일을 찾는 데 활용할 수 있다.

성격 유형은 다음의 네 가지 기본적인 면에 토대를 둔다. 첫째, 세상과의 소통, 사람들과의 관계 형성 방식이다. 둘째, 우리가 자연적으로 주목하게 되는 정보의 종류다. 셋째, 의사결정 방법이다. 넷째, 우리가 조직화된 방식으로 살기를 선호하는가 아니면 보다 자발적인 방법으로 살기를 원하는가다. 우리는 성격의 이러한 측면을 영역이라고 부르고, 각 영역은 대립되는 두 극의 연속선으로 그려진다. 모든 사람의 성격은 이 네 가지 연속선상의 한 지점에 위치하며, 우리는 이 연속선상에서 상반되는 양극 지점을 선호도라고 부른다. 만일 내향적인 면을 선호한다면 내향형, 감각적인 면을 선호한다면 감각형이라 한다. 현실적으로 우리는 일상생활에서 양쪽 모두를 가지고 있지만, 분명 타고난 선호도가 있다. 우리가 오른손과 왼손 중에 사용하기 편한 쪽이 있는 것처럼 성격적인 측면도 마찬가지로 선호하는 방향이 있다. 융은 인간은 자신이 타고난 선호 방향을 따라 익숙하게 살아가면서 그 반대 방향을 계발하는 것이 필요하며, 이는 자기를 계발하고 통합하는 '자기실현'의 과정이라고 하였다. 따라서 자신의 선호 경향을 알아보고 그에 따른 정보수집 방식과 의사결정 방식을 파악하는 작업이 필요하며, 이는 성격에 적합한 직업 및 직업 환경을 선택하는 데 도움이 된다.

MBTI는 다음에서 간단히 기술하고 있는 네 쌍의 상반적 측면에 따른 반응을 범주화한 것이다. 개인은 자신의 기질과 성향에 기초하여 다음의 네 가지 이분척도에 따라 둘 중 하나의 범주에 속하게 된다. 이를 구체적으로 살펴보면, 인간의 성격적 특성의 개인 차이를 인식기능의 경우 감각(S)과 직관(N)으로 구분하여 사물, 사람, 사건, 생각을 인식할 때 나타나는 차이점을 이해할 수 있게 해 주며, 판단기능의 경우 사고(T)와 감정(F)으로 구분하여 우리가 인식한 바에 의거하여 결론을 이끌어 내는 방법들 간의 차이점을 알 수 있도록 해 준다. 그리고 이러한 기능을 사용할 때 어떤 태도를 취하는가에 따라 심리적 에너지의 방향성으로 외향(E)과 내향(I)으로, 구체적인 생활양식에 따라 판단(J)과 인식(P)으로 구분하여 인간행동의 다양성을 설명한다(〈표 4-1〉 참조).

〈표 4-1〉 MBTI의 네 쌍의 선호 경향

E 외향(Extraversion) 외부 세계의 사람이나 사물에 에너지를 사용	에너지 방향	I 내향(Introversion) 내부 세계의 개념이나 아이디어에 에너지를 사용
S 감각(Sensing) 오감을 통한 사실이나 사건을 더 잘 인식	인식기능	N 직관(iNtuition) 사실, 사건 이면의 의미나 관계, 가능성을 더 잘 인식
T 사고(Thinking) 사고를 통한 논리적 근거를 바탕으로 판단	판단기능	F 감정(Feeling) 정서를 통한 사람과의 관계나 상황을 고려한 판단
J 판단(Judging) 외부 세계에 대하여 빨리 판단 내리고 결정하려 함	생활양식	P 인식(Perceiving) 정보 자체에 관심이 많고 새로운 변화에 적응적임

출처: Isabel Briggs Myers & Mary H. McCaulley (1995).

지금까지 살펴본 것을 바탕으로 나의 성격의 특징과 성격에 맞는 직무를 찾아보는 활동을 해 보자.

📝 Seeing You & Me (라포형성)

• 자신의 성격특성을 나타내는 형용사에 체크(✔)해 봅시다.

집중(전념)할 수 있는		열광적인		시간을 지키는	
스트레스를 조절 가능한		친절한, 상냥한		빠른	
정확한		온화한, 부드러운		조용한	
적응력 있는		도움을 주는		합리적인	
모험적인		정직한		현실적인	
공격적인		유머러스한		사색적인	
야심 있는		창의적인		믿을 만한	
분석적인		독립적인		속마음을 드러내지 않는	
적극적인		똑똑한		지략 있는	
세부적인 것에 신경 쓰는		독창적인		책임감 있는	
효율적인, 업무에 충실한		친절한		모험적인	
차분한		호감이 가는		자신감 있는	
조심스러운		논리적인		자제력 있는	
신중한		충실한		분별 있는	
발랄한, 쾌활한		분별 있는		감성적인	
생각이 분명한		꼼꼼한		진실한, 진정한	
경쟁적인		세심한		사교적인	
능숙한		겸손한		안정된, 차분한	
자신감 있는		의욕적인		도와주는	
양심적인, 성실한		편협하지 않은		요령(눈치) 있는	
보수적인		낙관적인		가르칠 수 있는	
일관된, 변함없는		계획적인		집요한	
창의적인		이성적인		빈틈없는	
호기심 많은		인내심 있는		배려심 있는	
외교적인		불굴의		엄한, 냉정한	
신중한, 조심스러운		설득력 있는		사람을 믿는	
태평스러운, 게으른		침착한		신뢰할 수 있는	
유능한, 효율적인		현실적인		이해심	
감성적인		정밀한		다재다능한	
감정 이입을 잘하는		진보적인		재치 있는	

• 앞에 체크한 형용사를 중심으로 자신의 성격을 표현해 봅시다.

---

① 성격특성: 다재다능한

예) 여러 가지 악기를 잘 다루고, 미술과 체육을 잘한다.

　　외국어를 배우는 것도 좋아해서 다재다능하다고 생각한다.

② 성격특성: 스트레스 조절 가능한

예) 화를 잘 내지 않고, 스스로 스트레스를 조절하며 잘 푸는 것 같다.

③ 성격특성: 속마음을 드러내지 않는

예) 말을 할 때나 표정으로 속마음을 다 드러내지 않는 편이다.

　　사람들이 차가워 보인다고도 하고, 포커페이스라고도 하는데 맞는 것 같다.

성격특성: 예)
성격특성: 예)
성격특성: 예)
성격특성: 예)

📋 Map Finding (목표설정)

• 이 수업을 통해 이루고 싶은 목표를 설정해 봅시다.

나는 이 수업을 통해,

_____

_____

　　　　　　　　　　　　　　　　　　　　를(을) 기대한다.

📑 Investigation (현실점검)

• 남이 아는 나의 성격, 내가 아는 나의 성격을 떠올려 다음의 빈칸을 채워 봅시다.

구 분	내가 아는 나의 성격	내가 모르는 나의 성격
남이 아는 나의 성격		
남이 모르는 나의 성격		

📑 New Planning (대안탐색)

• 나는 알고 남은 모르는 성격, 나는 모르고 남이 아는 나의 성격 중 나의 장점으로 활용할 수 있는 방법을 찾아봅시다.

> 장점으로 활용하려면,

📑 Dropping Obstacle (실행계획)

• 나의 성격에 맞고 잘할 수 있는 활동, 아르바이트, 직업 등을 경험해 볼 방법을 찾아봅시다.

① _____

② _____

③ _____

• 그 일을 달성하기 위한 구체적인 실행계획을 점검해 봅시다.

실행계획						
구체적인가(S)	측정 가능한가(M)	달성 가능한가(A)	현실적인가(R)	실행 기간은(T)	합계
0 1 2	0 1 2	0 1 2	0 1 2	0 1 2	

🖥 과제

• 다음 직업 가계도 예시를 참고해서 현재 나의 가족의 직업 가계도를 그려 봅시다.

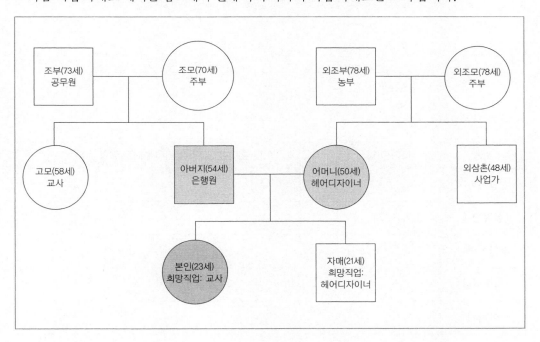

• 나의 직업 가계도

• 나의 가족은…

관계	나이/직업	어떤 분이셨나요? (성격, 내게 준 영향 등)
친할아버지		
친할머니		
외할아버지		
외할머니		
아버지		
어머니		
형제/자매		
기타 가족 (삼촌, 이모, 고모, 사촌 등)		

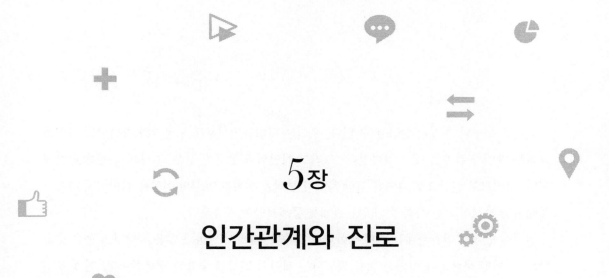

5장

인간관계와 진로

아무리 머리가 좋고 재능이 있어도 인간관계가 좋지 않으면 실패하는 사람도 많다.
좋은 인간관계는 인생의 윤활유이자 처세의 기본이다.
첫째, 진실 없는 아름다운 말을 늘어놓지 마라. 남의 비위를 맞추거나 추어올리거나 머지않아 밝혀질
사실을 감언이설로 회유하면서 재주로 인생을 살아가지 마라. 그러면 사람들에게 신뢰받지 못한다.
둘째, 말 많음을 삼가라. 말은 많은 것보다 말없이 성의를 보이는 것이 오히려 신뢰를 갖게 한다.
말보다는 태도로써 나타내 보여야 한다.
셋째, 아는 체하지 마라. 아무리 많이 알고 있다 하더라도 주위에 알아챌 때까지 잠자코 있는 편이 낫다.
지혜 있는 자는 나타내지 않아도 남이 알아채게 되는 법이다.
넷째, 돈에 너무 집착하지 마라. 돈은 인생의 윤활유로서는 필요한 것임에 틀림없다.
그러나 돈의 노예가 되는 것은 안타까운 노릇이다.
다섯째, 다투지 마라. 남과 다툰다는 것은 손해다. 어떠한 일에나 유연하게 대처해야 한다.
자기의 주장을 밀고 나가려는 사람은 이익보다 손해를 많이 본다. 다투어서 적을 만들기 때문이다.

－노자의 인간관계 5계명

학습목표

• 인간관계의 분류, 발달과정, 인간관계가 진로에 미치는 영향에 대해 파악한다.
• 자신의 인간관계 유형을 이해하고, 관계 유형이 진로에 미치는 영향을 이해한다.

인간은 누구나 혼자서 살아갈 수 없다. 우리는 태어나면서부터 누군가의 자녀이며 자의든 타의든 타인과 관계를 맺고 살아간다. 그리고 개인의 역할과 인성은 그 사회의 영향을 받게 된다. 그러므로 인간으로 태어난 이상 자아와 능력을 펼치고 자신의 이상을 실현시켜 나가기 위해서는 자신이 속한 사회 속의 인간관계를 통해서만이 가능하다.

인생에 있어서 인간관계는 선택이 아니라 필수다. 따라서 얼마나 많은 사람과 도움을 주고받느냐, 어떤 사람들과 어떤 관계를 맺느냐는 개인의 인생에 중요한 경쟁력이다. 현재 우리 사회에서 개인의 역량보다 관계 안에서의 능력, 즉 사회지능(Social Quotient: SQ)을 중요시하는 이유가 바로 여기에 있다. 우리는 학창 시절에 많은 정보와 지식을 배우고, 그 속에서 사회적인 관계를 맺을 수 있는 SQ를 경험하게 된다.

인간관계는 매우 다양한 상황에서 많은 대상과 이루어진다. 이를 인간관계 발생의 기원과 관련하여 분류하면, 혈연관계, 지연관계, 학연관계로 분류할 수 있고, 인간관계의 대상과 관련하여 분류하면 친구관계, 이성관계, 부부관계, 부모-자녀관계, 직장에서의 동료관계와 상하 관계로 나눌 수 있다. 이러한 인간관계는 진로를 결정하는 데 적지 않은 영향을 미친다.

우리는 평생 동안 수많은 사람을 만나 인간관계를 맺으며 살아간다. 그러나 그 사람들은 저마다 우리의 삶에 미치는 영향력에 있어서 차이가 있다. 우리의 삶에 중요한 영향을 미치는 사람일수록 의미 있는 타인이라고 할 수 있다. 부모를 비롯하여 가족, 친구 등 나에게 중요한 의미가 있는 타인의 영향은 크다. 따라서 어떠한 선택과 결정의 순간에 중요한 타인이 나의 의지와 반대되는 의견을 주장한다면 갈등이 일어나게 된다. 진로를 결정하고 선택할 때도 마찬가지다. 내가 선택하려는 진로에 대해 중요한 타인이 인정해 주지 않고 반대한다면 갈등은 커지게 되고 나의 직업관과 인생관에 중요한 영향을 미치게 된다.

이 장에서는 인간관계의 분류, 인간관계의 발달과정 그리고 인간관계가 진로에 미치는 영향에 대해 살펴보고자 한다.

1. 인간관계의 분류

대학생의 인간관계를 진로와 연결해서 나누어 보면 일차관계-이차관계, 수직적 관계-수평적 관계, 애정적 관계-업무적 관계로 분류할 수 있다.

1) 일차관계-이차관계

일차관계란 본인의 선택이나 의사와 관계없이 운명적으로 형성되고, 평생 탈퇴가 불가능하며, 공식적이고 집단적인 관계를 말한다. 이는 생물학적 친인척 관계로 형성된 혈연관계, 출생지 혹은 거주지를 통해 형성된 지연관계, 출신 학교로 형성된 학연관계와 같다. 이차관계는 직업적 이해관계, 가치관, 취미, 종교, 신념 등을 통해 선택적 자유의사에 의해 형성된 관계를 말한다. 이는 가입 탈퇴가 자유롭고 일차관계에 비해 그 관계가 일시적이다. 직장 동료, 애인, 친구, 친목 동아리의 구성원 등이 이에 속한다. 대학생활에서는 출신 학교에 해당하는 일차관계와 애인, 친구, 동아리 구성원 등 이차관계가 서로 섞여 있다. 직장은 이차관계를 중심으로 모인 집단이지만, 그 속에서 학연, 지연 등의 일차관계가 확인되어 더 특별한 관계를 형성하기도 한다.

2) 수직적 관계-수평적 관계

수직적 관계는 부모-자녀관계, 스승-제자관계, 선배-후배관계, 상사-부하관계와 같이 나이, 지위, 권한 등에 따른 관계가 이에 속한다. 수직적 관계는 상급자와 하급자의 사이에 지휘, 통솔, 명령, 보살핌, 책임을 기대하고, 행동규범인 예의와 수직적인 위계질서가 있으며, 그 위계질서 속에서 위치와 신분에 따라 수직적 관계에서의 행동규범이 결정된다. 이에 비해 수평적 관계는 구성원이 서로 동등하고 평등한 관계를 맺는 것으로 교우관계, 연인관계, 부부관계, 직장 동료관계 등이 이에 속한다. 수평적 관계는 평등과 자유를 중시한다. 대학생활에서는 그전까지의 학교생활과 달리 수평적 관계뿐만 아니라 학과 생활, 동아리 활동 등으로 수직적 관계에 노출될 가능성이 높고 더 긴밀한 상호작용이 이루어질 수 있는데, 이로 인해 자신의 인생을 설계할 때 역할모델, 멘토 등을 만날 가능성이 높다. 이후 직장에서는 수직적 관계와 수평적 관계가 동시에 존재하며 수직적 관계를 중시하는 기성세대와 수평적 관계에 익숙한 젊은 세대 간의 가치관의 차이로 인해 갈등을 빚는 경우가 많다. 이에 대상과 상황에 따라 지혜로운 대인행동을 하는 것이 중요하다.

3) 애정적 관계-업무적 관계

애정적 관계는 상대방에 대한 매력과 호감에 의해서 관계가 형성되며, 상대방과 사랑이나 우정을 주고받는 것이 관계 유지의 중요한 목적이 된다. 이에 비해, 업무적 관계는 어떤 사람이든 상관없이 직업이나 업무로 인해 형성되고 유지되는 관계로 상대방과의 상호작용을 통해 얻게 되는 이득과 성과가 주요한 목적이 된다. 대학생활에서는 사랑과 우정을 나누는 애정적 관계가 대부분이나 직장생활은 업무를 기반으로 형성된 조직이므로 업무적 관계에서의 자신의 역할과 책임을 잘 완수해야 한다.

2. 인간관계의 발달과정

올바른 인간관계를 형성하기 위해서는 이론적 지식과 실천적 노력이 필요하다. 일반적으로 인간관계가 발달하는 데는 만남, 정보 교환, 개성 표출 및 갈등해결, 일치감 형성의 일정한 과정이 수반된다. 이에 대해 구체적으로 살펴보면 다음과 같다.

1) 만남

인간은 감정과 목적을 가진 존재이므로 인간관계를 형성할 때 순수한 감정과 자신의 목적을 달성하려는 의도가 동시에 존재할 수 있다. 그러나 진실된 만남을 위해서는 조건과 목적보다는 무조건적이고 진실한 인간 대 인간의 만남이 우선되어야 한다.

2) 정보 교환

인간적 만남이 이루어지고 나면 서로 간의 정보 교환이 이루어진다. 이때 정확하고 바람직한 정보 교환은 서로에 대한 신뢰 형성을 기반으로 이루어지는 것이며, 서로에 대한 공통점이 존재할 때 그 관계가 더 오래 지속될 수 있다.

3) 개성 표출 및 갈등해결

각자의 객관적인 정보 교환이 끝나고 나면 주관적인 정보가 조금씩 교환되면서 서로의 개성이 드러나게 된다. 이러한 과정에서는 갈등이 생기기 때문에 사람들은 각자의 방식에 따라 갈등에 대처하고 해결하고자 노력하기도 한다.

〈표 5-1〉은 갈등대처 방식을 간략히 정리한 것이다.

〈표 5-1〉 갈등대처 방식

갈등대처	내 용
회피	갈등을 무시하고 피하는 방식이다. 이는 갈등이 일시적으로 없어진 것처럼 보이나 여전히 해결되지 않은 채로 남아 있다. 따라서 더 큰 갈등을 초래하거나 관계를 단절하게 할 수 있다.
제압	상대방의 의견은 무시하고 한쪽의 의견만을 강요하는 방식이다. 제압 이후에 갈등이 사라진 것처럼 보이지만 상대방이 힘이 잃으면 상황은 역전이 일어난다. 이는 힘의 원리에 의한 독재적인 해결방법으로 더 큰 갈등을 초래할 수 있다.
타협	서로 자신의 의견을 양보함으로써 갈등을 해결하는 방식이다. 외관상으로는 의견이 조율된 것처럼 보이지만, 자신의 의견을 너무 양보했다고 생각하게 되면 불평이 생기고 새로운 갈등을 유발할 수도 있다.
다수결의 원칙	가장 일반적인 것이고 보편적이지만 이 원칙의 허점을 잘 살펴보아야 한다. 다수의 틀린 의견이 수렴될 수도 있기 때문이다. 많은 사람이 동의한다고 해도 반드시 좋은 의견이 아닐 수 있다는 모순이 있다. 다수가 항상 옳을 수 없으므로 갈등은 여전히 미해결 상태로 존재할 수 있다.
통합	타협과 달리 서로가 최대한 만족할 수 있는 해결책을 진지하게 찾아가는 방식이다. 통합을 위해서는 각자 자신의 의견에 대한 타당한 이유를 제시하고, 상대방의 의견에 대해 마음을 열고 존중해야 한다. 갈등대처의 가장 바람직한 방법에 해당한다.

4) 일치감 형성

갈등대처를 통해 갈등을 해결하고 나면 그다음 단계로 신뢰감이 형성되는데 여기서는 나와 상대방의 의견을 편견 없이 인정하고 수용하게 된다. 이러한 과정을 통해 형성된 신뢰감으로 인해 서로에 대한 행동표현, 의사표현 그리고 정서표현이 자유로워지면서 일치감이 형성되어 '우리'라는 의식을 갖게 된다. 이 단계에 이르러서야 비로소 건강한 인간관계가 형성되었다고 볼 수 있다.

건강한 인간관계의 특징은 다음과 같다.

- 확실하게 서로에 대해 알고 있다.
- 서로가 가지고 있는 특징을 좋아한다.
- 서로 상대방의 행복이나 성장을 증진시키려는 방향으로 행동하고 노력하려고 애쓴다.
- 서로 효과적으로 의사를 전달할 수 있으며 상대방에게 자기 자신을 알게 하고 이해시킨다.
- 상대방의 상황에 맞는 요구를 한다.
- 서로의 자주성과 개성을 인정하며 존중한다.

3. 인간관계와 진로

보통 대학생이 진로를 선택할 때 고려하는 중요한 요인을 보면 직업적 성공에 대한 부모의 동기가 작용함을 알 수 있다. 부모는 자녀의 직업에 대해서 나름대로 기대와 소망을 가지고 있다. 따라서 진로선택 시 부모와 많은 대화를 통해 부모의 기대를 충분히 고려하고 의논하는 것이 바람직하다. 부모의 기대와 자녀의 선택에 서로 가치의 차이가 있을 경우에는 더욱 그러하다. 또한 진로에 따라 부모의 경제적 · 사회적 지원이 필요한 경우가 있으므로 가족의 경제력과 지원 요인도 충분히 고려해야 한다.

진로선택은 생애를 결정하는 중요한 것으로서 여러 가지 관련 환경을 신중하고 충분히 고려해야 한다. 일반적으로 가정의 지적 · 사회적 · 경제적 위상과는 관계없이 부모의 자녀에 대한 기대가 높으면 높을수록 자녀의 성공에 대한 갈망도 높아진다. 부모의 직업과 그에 대한 태도 역시 자녀의 진로선택에 중요한 요인이 된다. 부모가 높은 위상의 직업 그리고 그에 대해 긍정적 태도를 갖고 있을 때 자녀 역시 높은 위상의 직업을 선택하려고 하며, 그 직업에 대한 긍정적 태도를 갖는다. 친구나 또래도 진로선택과 직업적 열망에 많은 영향을 미친다. 함께 하는 친구들이 높은 진로 목표를 가진 경우에는 자신도 역시 높은 직업적 열망을 보이는 반면, 친구들이 낮은 직업적 열망을 가진 경우에는 낮은 직업적 열망을 보인다.

진로선택이 당면과제인 대학생에게는 부모, 친구, 선배 등이 롤모델이나 멘토가 되기도 한다. 그리고 그들의 직업은 진로선택에 중요한 영향을 줄 수 있다. 자신에게 중요한 선택인 진로를 결정함에 있어 주변 사람들의 의견에 귀를 기울일 필요는 있지만, 지나치게 그들의 영향을 받아서 결정의 주체권을 넘기는 것은 가급적 지양해야 한다.

지금까지 살펴본 것을 바탕으로 대학생의 진로에 영향을 미치는 인간관계를 좀 더 자세히 탐색해 보는 활동을 해 보자.

Seeing You & Me (라포형성)

• 과제 점검하기: 가족 직업 가계도를 소개하고 소감을 나눠 봅시다.

Map Finding (목표설정)

• 이 수업을 통해 이루고 싶은 목표를 설정해 봅시다.

나는 이 수업을 통해,

_____

_____

_____

_____

를(을) 기대한다.

Investigation (현실점검)

• 현재 나와 관계하는 사람들을 떠올려 보고, 그 이유를 살펴봅시다.

관 계	누 구	이 유
서로 좋아하는 관계		
서로 싫어하는 관계		
나는 좋아하지만 상대는 싫어하는 관계		
상대는 좋아하지만 나는 싫어하는 관계		

• 당신에게 의미 있는 사람과의 관계를 돌아보고 어떤 영향을 받았는지 정리해 봅시다.

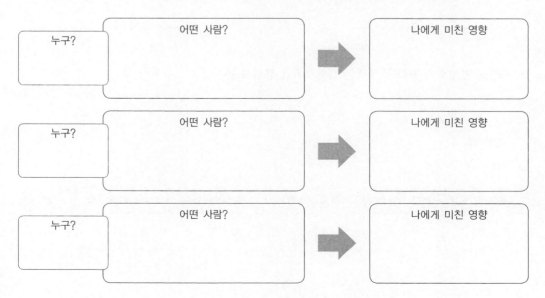

📝 New Planning (대안탐색)

- 주변에 관계를 새롭게 하고 싶은 사람, 친하게 지내고 싶은 사람 또는 멘토로 삼고 싶은 사람 등을 찾아보고 그 이유를 찾아 적어 봅시다.

누 구	이 유

📝 Dropping Obstacle (실행계획)

- 앞서 적은 사람과 관계를 만들기 위한 전략과 실천계획을 세워 봅시다.

누 구	전 략	실천계획

- 그 일을 달성하기 위한 구체적인 실행계획을 점검해 봅시다.

실행계획						
구체적인가(S)	측정 가능한가(M)	달성 가능한가(A)	현실적인가(R)	실행 기간은(T)	합계	
0 1 2	0 1 2	0 1 2	0 1 2	0 1 2		

워크넷 적성검사 결과 정리표

구 분	내 용	점수	수준
언어력	일상생활이나 직장생활에서 사용되는 단어의 의미를 대체로 이해할 수 있고, 문서를 읽고 그 내용과 의미를 어느 정도 파악할 수 있습니다.		
수리력	정확하게 이해하고 계산하는 능력을 말하며, 직업에서 필요한 기초적인 사무 처리 능력이 있습니다.		
추리력	일상생활이나 직장생활에서 주어진 정보를 종합해서 이들 간의 관계를 대체로 추론할 수 있습니다.		
공간 지각력	물체를 회전시키거나 재배열했을 때 변화된 모습을 어느 정도 상상할 수 있으며, 공간 속에서 위치나 방향을 대체로 파악할 수 있습니다.		
사물 지각력	서로 다른 사물들 간의 유사점이나 차이점을 빠르고 정확하게 지각할 수 있습니다.		
상황 판단력	실생활에서 자주 당면하는 문제나 갈등 상황에서 문제를 해결하기 위해 가장 바람직한 대안과 바람직하지 않은 대안을 판단할 수 있습니다.		
기계능력	기계의 작동 원리나 사물의 운동 원리를 이해할 수 있습니다.		
집중력	작업을 방해하는 자극이 존재함에도 불구하고 정신을 한곳에 지속적으로 잘 집중할 수 있습니다.		
색채 지각력	서로 다른 두 가지 색을 혼합하였을 때의 색을 예측할 수 있습니다.		
사고 유창성	주어진 상황에 대해 짧은 시간 내에 서로 다른 아이디어를 많이 개발해 낼 수 있습니다.		
협응능력	눈과 손을 함께 사용하는 작업을 어느 정도 빠르고 정확하게 해낼 수 있습니다.		

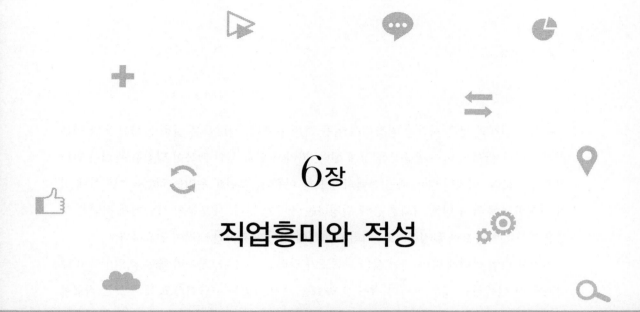

6장

직업흥미와 적성

성공의 비결은 당신의 일을 천직으로 만드는 데 있다.

– 마크 트웨인

학습목표

• 자신의 직업흥미와 적성을 이해한다.

• 자신의 흥미와 적성에 따른 직업을 탐색할 수 있다.

　　우리는 인생의 많은 시간을 직장에서 일을 하며 보낸다. 사람들은 일을 통해서 돈만 얻는 것이 아니라 삶의 의미와 만족감을 찾게 된다. 따라서 일과 삶의 행복이 밀접한 관련이 있는 것은 당연하다. 이것이 바로 직업 선택의 중요한 이유다. 그런데 우리는 직업을 선택함에 있어 막연한 기준과 우연한 기회를 통해 결정하는 경우가 많다. 대부분의 사람에게 직업은 인생을 좌우하는 중요한 결정이므로, 이러한 선택에 있어 체계적인 노력이 필요하다.

　　이러한 직업 선택에 따라 개인 삶의 만족도가 달라질 수 있다. 하지만 좋은 직업이라고 해서 누구나 만족하는 것은 아니며, 우수한 능력을 가지고 있는 사람이라고 해서 모든 직업에서 다 성공하는 것도 아니다. 자기 자신에게 맞는 직업을 선택해야 한다. 자신에게 맞고 만족한 직업을 선택하기 위해서는 자신의 특성에 대해 잘 알아야 한다. 또한 진로상담 전문가는 직업을 선택할 때 고려해야 할 주요한 요인으로 가치관, 성격, 흥미, 적성, 직업의 전망, 주변의 기대와 자원을 들고 있다. 이 장에서는 여러 요인 중 흥미와 적성을 중심으로 진로선택의 요인을 살펴보고자 한다.

1. 직업흥미

　　많은 사람은 자신이 좋아하는 일을 직업으로 갖기 원하며, 일반적으로 자신이 하고 있는 일에서 재미를 느끼는 사람일수록 직업에 대한 만족도가 높다. 이런 점에서 대학생이 직업을 선택하기 위해 고려해야 할 것은 바로 자신의 흥미다. 직업흥미는 일에 대한 몰두와 그에 따른 성과에 영향을 미치는 중요한 요인으로, 개인으로 하여금 어떤 일에 호기심을 가지고 즐거움을 느끼게 하는 동기적 성향을 뜻한다. 어떤 일을 하고 싶어 하는 소망을 가지게 되거나 그 일에 몰두하게 되면 일에 대한 만족도가 높아지고 더 많이 노력하게 되며, 오랫동안 그 일에 종사할 수 있게 해 준다. 직업흥미는 모든 직업발달이론에서 중요하게 다루어져 왔으며, 흥미에 대한 평가의 필요성이 점차 커지면서 다양한 검사들이 개발되어 왔다. 이러한 흥미검사를 통해 자기 탐색을 깊이 있게 해 보며 여러 가지 대안을 충분히 고려하여 직업을 결정해야 한다. 흥미는 성장함에 따라 변화하여 점차 더 분화되고 구체화되어 가는 경향이 있다.

진로 관련 검사 중에서 홀랜드(Holland) 검사는 직업흥미가 개인의 능력보다 직업의 성공과 더 상관관계가 높다는 연구결과에 바탕을 두고 개발되었으며, 이는 전 세계에서 보편적으로 활용되고 있다. 홀랜드 검사는 개인이 지각한 적성과 흥미를 측정하며, 여섯 가지 성격 유형과 그에 적합한 여섯 가지 기본적 직업환경을 제안하고 있다. 이 검사의 이론에 따르면, 세상의 모든 직업과 사람들의 직업적 적성은 여섯 가지 유형으로 나눌 수 있으며 개인은 자신의 흥미와 적성에 맞는 직업환경을 찾게 된다. 즉, 자신의 기술과 능력을 발휘하고 태도와 가치를 표현하며 자신에게 맞는 역할을 수행할 수 있는 환경을 찾는다.

홀랜드(Holland) 직업분류체계는 다양한 직업에 종사하는 사람들에 관한 광범위한 자료와 직업마다 상이한 작업환경 등에 관한 자료를 체계적으로 종합하여 구성한 것이다. 또한 어떤 직업을 선택하는 것이 그 직업에 더 만족하고 더 성공할 수 있을지에 대한 정보를 제공한다. 홀랜드 직업분류체계는 다음과 같은 네 가지 가정에 근거를 두고 있다.

사람은 자신이 가지고 있는 능력과 기술을 발휘할 수 있고, 자신의 태도나 가치를 표현할 수 있는 환경을 찾고자 한다. 행동은 자신이 처한 작업환경의 특성과 자신의 성격이나 흥미 특성과의 상호작용에 의해 결정된다. 직무 수행이나 직무 만족, 직무 몰입 등의 요소는 이러한 상호작용에 의해 영향을 받는다.

또한 대부분 사람과 문화는 여섯 가지 유형 또는 이 유형의 조합으로 분류될 수 있다. 이때 여섯 가지 유형은 실재형(Realistic), 탐구형(Investigative), 예술형(Artistic), 사회형(Social), 기업형(Enterprising), 관습형(Conventional)이다.

홀랜드는 이와 같은 가정에 의해 사람들의 흥미 유형과 직업 유형을 여섯 가지로 분류하였으나, 여섯 가지 유형만으로 다양한 사람들이 특성과 직업의 특성 모두를 설명하는 데 한계를 느끼고 이 유형을 조합한 형태로 분류를 시도하였다. 예를 들면, 실재-탐구형, 예술-사회형, 기업-사회-관습형 등으로 분류하여 6개의 유형을 720개의 유형으로 분류가 가능하도록 확장하였다. 홀랜드의 이론을 적용한 진로탐색검사는 두 자리 코드의 조합까지만 사용하였다. 이와 같이 개인에 적합한 환경 유형을 파악하고 연결하면, 진로선택, 근속 기간과 직업전환, 성취, 직무 만족과 같은 중요한 특성을 알 수 있다.

〈표 6-1〉 홀랜드 직업분류체계

	실재형(R)	탐구형(I)	예술형(A)	사회형(S)	기업형(E)	관습형(C)
성격 특징	남성적이고, 솔직하고, 성실하며, 검소하고, 지구력이 있고, 신체적으로 건강하며, 소박하고, 말이 적으며, 고집이 있고, 단순하다.	탐구심이 많고, 논리적 · 분석적 · 합리적이며, 정확하고, 지적 호기심이 많으며, 비판적 · 내성적이고, 수줍음을 잘 타며, 신중하다.	상상력이 풍부하고, 감수성이 강하며, 자유분방하며, 개방적이다. 감정이 풍부하고, 독창적이고, 개성이 강하고, 협동적이지 않다.	사람들을 좋아하며, 어울리기 좋아하고, 친절하고, 이해심이 많으며, 남을 잘 도와주고, 봉사적이며, 감정적이고, 이상주의적이다.	지배적이고, 통솔력, 지도력이 있으며, 말을 잘하고, 설득적이며, 경쟁적, 야심적이며, 외향적이고, 낙관적이고, 열성적이다.	정확하고, 빈틈없고, 조심성이 있으며, 세밀하고, 계획성이 있으며, 변화를 좋아하지 않으며, 완고하고, 책임감이 강하다.
직업 활동 선호	분명하고, 질서정연하고, 체계적인 대상 · 연장 · 기계 · 동물들의 조작을 주로 하는 활동 내지 신체적 기술들을 좋아하고, 교육적 · 치료적 활동은 좋아하지 않는다.	관찰적 · 상징적 · 체계적이며, 물리적 · 생물학적 · 문화적 현상의 창조적인 탐구를 수반하는 활동들에 흥미를 보이지만, 사회적이고 반복적인 활동에는 관심이 부족한 면이 있다.	예술적 창조와 표현, 변화와 다양성을 좋아하고, 틀에 박힌 것을 싫어한다. 모호하고 자유롭고, 상징적인 활동들을 좋아하지만 명쾌하고, 체계적이고 구조화된 활동에는 흥미가 없다.	타인의 문제를 듣고 이해하고, 도와주고, 치료해 주고, 봉사하는 활동들에 흥미를 보이지만 기계 · 도구 · 물질과 함께 하는 명쾌하고, 질서정연하고, 체계적인 활동에는 흥미가 없다.	조직의 목적과 경제적 이익을 얻기 위해 타인을 선도, 계획, 통제, 관리하는 일과 그에 따르는 위신, 인정, 권위를 얻는 활동을 좋아하지만 관찰적 · 상징적 · 체계적 활동에는 흥미가 없다.	정해진 원칙과 계획에 따라 자료를 기록, 정리, 조직하는 일을 좋아하고 사무적 · 계산적 능력을 발휘하는 활동을 좋아한다. 창의적 · 자율적 · 모험적 · 비체계적 활동에는 흥미가 없다.
적성 및 유능감	• 기계적 · 운동적인 능력은 있으나 대인관계 능력은 부족하다. • 수공, 농업, 전기, 기술적 능력은 높으나 교육적 능력은 부족하다.	• 학구적 · 지적 자부심을 가지고 있으며, 수학적 · 과학적 능력은 높으나 지도력이나 설득력은 부족하다. • 연구능력이 높다.	• 미술적 · 음악적 능력은 있으나 사무적 기술은 부족하다. • 상징적 · 자유적 · 비체계적 능력은 있으나 체계적 · 순서적 능력은 부족하다.	• 사회적 · 교육적 지도력과 대인관계 능력은 있으나 기계적 · 과학적 능력은 부족하다. • 기계적 · 체계적 능력이 부족하다.	• 적극적이고, 사회적이고, 지도력과 언어의 능력은 있으나 과학적인 능력은 부족하다. • 대인 간 설득적인 능력은 있으나 체계적 능력은 부족하다.	• 사무적이며, 계산적인 능력은 있지만 예술적 · 상상적 능력은 부족하다. • 체계적이고 정확성은 있으나 탐구적 · 독창적 능력은 부족하다.

가치	특기, 기술, 기능, 전문성, 유능성, 생산성	탐구, 지식, 학문, 지혜, 합리성	예술, 창의성, 재능, 변화, 자유, 개성	사랑, 평등, 헌신, 공익, 용서, 봉사	권력, 야망, 명예, 모험, 자유, 보상	능률, 체계, 안전, 안정
생의 목표	기계나 장치의 발견 및 기술사, 전문인, 뛰어난 운동선수	사물이나 현상의 발견 및 과학에 대한 이론적 기여	예술계의 유명인, 독창적인 작품 활동	타인을 도우고 회생, 존경받는 스승, 치료 전문가	사회의 영향력 있는 지도자, 금융과 상업 분야의 전문가	금융과 회계의 전문가, 사무행정 전문가
대표 직업	기술자, 자동기계 및 항공기 조종사, 정비사, 농부, 엔지니어, 전기·기계기사, 운동선수	과학자, 생물학자, 화학자, 물리학자, 인류학자, 지질학자, 의료기술자, 의사	예술가, 작곡가, 음악가, 무대감독, 작가, 배우, 소설가, 미술가, 무용가, 디자이너	사회복지가, 교육자, 간호사, 유치원 교사, 종교지도자, 상담가, 임상치료가, 언어치료사	기업경영인, 정치가, 판사, 영업사원, 상품판매인, 보험회사원, 판매원, 관리자, 연출가	공인회계사, 경제분석가, 은행원, 세무사, 경리사원, 감사원, 안전관리사, 사서, 법무사
전공 학과	공과대학, 농과대학, 수산·축산대학, 체육대학	자연대학, 의과대학, 치과대학, 한의대, 공과대학	예술대학, 건축학, 국문학, 영문학, 외국어 문학	사범대학, 사회복지학, 심리학, 종교학, 특수교육학, 간호학	경상대학, 법과대학, 경찰대학, 행정대학, 상과대학	회계학, 산업전산학, 세무대학, 행정학, 비서학

출처: 워크넷 선호도 검사(S형), 길잡이 수정.

홀랜드는 자신이 분류한 여섯 가지 유형 간의 관계를 [그림 6-1]과 같은 정육각형 구조로 설명하였다. 육각형에 배열된 흥미의 순서는 상관관계를 바탕으로 한 것으로 실재형(R)-탐구형(I)-예술형(A)-사회형(S)-기업형(E)-관습형(C)의 순서로 순환 고리를 이루고 있다. 육각형에서 여섯 유형 간의 거리가 가까울수록 유형 간의 상관관계가 높다. 예를 들어, 실재형과 탐구형 같이 바로 인접한 유형끼리는 상관이 가장 높고 흥미, 성향 또는 직무 등의 상호관련성이 높다. 실재형(R)과 사회형(S)처럼 가장 먼 거리의 상관은 가장 낮고 흥미, 성향 또는 직무 등의 관련이 거의 없다.

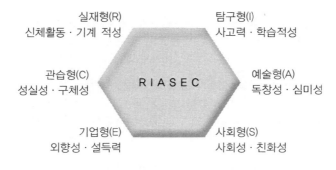

[그림 6-1] 홀랜드의 육각형 모형

어떤 사람은 여섯 가지 유형 중 어느 하나에만 끌릴 수 있지만 대부분의 사람들은 보통 둘 이상에 끌리게 된다. 이런 경우 자신의 관심이 육각형의 어느 지점에 위치하는지 살펴보아야 한다. 인접한 유형은 유사하고 쉽게 넘나들 수 있는 반면, 반대편 지점으로의 전환은 어렵다. 따라서 육각형에서 서로 인접한 유형 쪽으로 끌린다면 자신의 특성과 조화될 수 있는 직업분야를 발견하기가 수월하다. 그러나 만약 관심의 유형들이 인접해 있지 않은 것들이라면 진로탐색은 보다 어려울 수 있다. 예를 들어, 두 유형이 사회형과 실재형과 같은 반대 유형이라면 자신의 능력과 가치 등 다른 요인들을 고려해 봐야 한다. 보통은 이렇게 선호하는 두 유형을 반대 유형으로 선택하는 경우는 잘못된 자기인식을 하고 있거나 적절치 못한 직업정보를 가진 경우가 많다. 드물지만 실제로 정반대되는 유형에 이끌려서 어느 것이 더 나에게 매력적인지를 구분하기가 어렵거나 통합하기 어려운 경우도 있다. 이런 경우 한 유형은 직업에서, 한 유형은 직업 외에서 취미로 발전시킴으로써 선호하는 두 유형의 흥미를 만족시키기도 한다.

2. 직업적성

직업을 선택할 때 또 하나 고려해야 할 중요한 요인은 적성이다. 인간은 누구나 특정한 분야에 뛰어난 자신만의 능력을 가지고 있는데, 이를 적성이라고 한다. 인간은 누구나 나름대로 우수한 적성을 지니고 있다. 이를 찾아내어 해당 적성을 필요로 하는 직업 선택이 중요하다. 적성에 맞는 직업활동에서는 자신의 능력을 더 잘 발휘하게 되어 그 직업분야에서 유능하고 우수한 사람으로 인정받을 수 있기 때문이다. 인간이 가지는 독특한 적성을 분류해 보면 〈표 6-2〉와 같다.

〈표 6-2〉 적성과 직업의 관계

구 분	내 용
언어능력	일상생활이나 직장생활에서 사용하는 단어의 의미를 대체로 이해할 수 있고, 문서를 읽고 그 내용과 의미를 어느 정도 파악할 수 있다. 효과적인 의사소통을 위해 정확한 단어를 선택하고 어휘를 연상하며 문장의 뜻을 이해하고 발표하는 능력이다.
수리능력	정확하게 이해하고 계산하는 능력을 말하며, 직업에서 필요한 기초적인 사무처리 능력이기도 하다.
추리능력	일상생활이나 직장생활에서 주어진 정보를 종합해서 이들 간의 관계를 대체로 추론할 수 있다. 원리를 추리하고 응용하는 능력이다.
공간지각 능력	물체를 회전시키거나 재배열했을 때 변화된 모습을 어느 정도 상상할 수 있으며, 공간 속에서 위치나 방향을 대체로 파악할 수 있다. 입체적인 공간 관계를 이해하는 능력으로서 시각을 통해서 실체적 물체를 취급하고 물체를 회전 또는 분해했을 때의 형태를 상상하는 능력이다.
사물지각 능력	서로 다른 사물들 간의 유사점이나 차이점을 빠르고 정확하게 지각할 수 있다. 문자 기호를 정확하고 신속하게 식별하는 능력이다.
상황판단 능력	실생활에서 자주 당면하는 문제나 갈등 상황에서의 문제를 해결하기 위해 가장 바람직한 대안과 바람직하지 않은 대안을 판단할 수 있다.
기계능력	기계의 작동원리나 사물의 운동 원리를 이해하고 추리하는 능력이다.
집중력	작업을 방해하는 자극이 존재함에도 불구하고 정신을 한곳에 지속적으로 집중할 수 있는 능력이다.
색채지각 능력	색을 식별하고 서로 다른 두 가지 색을 혼합하였을 때의 색을 예측할 수 있는 능력이다.
사고 유창성	주어진 상황에 대해 짧은 시간 내에 서로 다른 아이디어를 많이 개발할 수 있는 능력이다.
협응능력	눈과 손을 함께 사용하는 작업을 어느 정도 빠르고 정확하게 해낼 수 있는 능력이다.

출처: 워크넷 직업심리검사 가이드e북.

자신의 흥미와 적성을 자세히 살펴보기 위해서 학생상담센터, 워크넷, 커리어넷을 통해 진로탐색검사를 실시해 볼 필요가 있다. 또한 3장의 과제 진로적성검사(홀랜드 검사, 스트롱 검사)를 통해 자신의 진로에 대해 더 깊이 탐색해 보고자 한다.

📝 Seeing You & Me (라포형성)

• 과제 점검하기: 진로적성검사(홀랜드 검사, 스트롱 검사, 워크넷) 적성검사의 결과를 소개하며 자신의 흥미와 적성에 대해 나눠봅시다.

📝 Map Finding (목표설정)

• 이 수업을 통해 이루고 싶은 목표를 설정해 봅시다.

나는 이 수업을 통해,

를(을) 기대한다.

📑 Investigation (현실점검)

• 진로적성검사를 통해 알게 된 나의 흥미에 맞는(좋아하는) 활동을 찾아봅시다.

• 진로적성검사를 통해 알게 된 나의 적성에 맞는(잘하는) 활동을 찾아봅시다.

📋 New Planning (대안탐색)

• 주변의 사람들 중 직업 만족도가 높은 사람, 낮은 사람을 떠올려 봅시다. 그들의 흥미와 적성이 직업에 미치는 영향을 살펴보고, 그들에게 더 적절한 다른 직업을 추천해 보세요.

직업 만족도가 높은 사람 1	직업 만족도가 높은 사람 2
이름: 나이:　　　　성별: 직업: 흥미: 적성: 직업추천:	이름: 나이:　　　　성별: 직업: 흥미: 적성: 직업추천:
직업 만족도가 낮은 사람 1	**직업 만족도가 낮은 사람 2**
이름: 나이:　　　　성별: 직업: 흥미: 적성: 직업추천:	이름: 나이:　　　　성별: 직업: 흥미: 적성: 직업추천:

📋 Dropping Obstacle (실행계획)

• 나의 적성 점수를 고려해서 당신의 능력을 발휘하기에 가장 적합한 직업군을 정리해 봅시다.

나에게 어울리는 직업

• 나에게 어울리는 직업에 대한 정보를 알고 있는 대로 적어 보세요.

– 직업명

– 향후 전망

– 준비과정

– 하는 일

3부

진로설계

7장
직업 및 취업 정보 찾기

미래를 준비하기 위해 우리는 정보를 잘 활용할 수 있어야 한다.

*0차원의 시대: 인류가 지구상에 존재한 이후 수십만 년 동안 고립된 상태로
수렵 생활을 해 왔던 시기

*1차원의 세계: 농사를 짓고 가축을 기르며 촌락을 이루어 정착해 왔던 시기,
큰길을 통해 원시 상태의 인류가 문명의 기초를 확립

*2차원의 시기: 15세기 항해술의 발달과 함께 넓은 바다를 교역로로 활용하게 되면서 시작,
인간이 지구의 끝까지 알게 된 시기

*3차원의 시기: 인간이 새처럼 하늘을 나는 기술을 개발한 때로부터 시작

*4차원의 시대: 정보화 혁명의 시기

─앨빈 토플러

학습목표

• 직업 및 취업에 관한 정보를 탐색할 수 있다.

오늘날 정보의 원천이라고 할 수 있는 컴퓨터와 인터넷이 없는 세상은 상상할 수 없다. 이처럼 정보화 사회는 정치, 경제, 교육, 문화 등에 큰 영향을 미치고 있다. 또한 모든 분야에서 디지털에 의한 급속한 기술의 변화가 일어나고 있다. 이처럼 급속히 발전하고 있는 정보화 사회에서는 정보의 공유로 인해 다양한 정보에 대한 접근이 쉬워졌고, 시간과 공간의 제한을 받지 않으며 할 수 있는 일이 늘어났다. 반면에 검증되지 않은 정보의 확산, 개인 정보의 유출 등 부정적 영향도 미치고 있다. 빠른 속도로 변화하는 세계에 적응하기 위해서는 새로운 정보를 정확하고 빠르게 찾아내고 적절히 활용할 수 있어야 한다. 즉, 정보화 사회에서 성공적으로 살아남기 위해서는 컴퓨터와 통신기술을 이용하여 정보를 수집하고, 적절한 정보를 생산해 낼 수 있는 능력을 갖추어야 한다. 이 장에서는 직업과 정보에 대한 설명과 함께 직업 정보 탐색에 필요한 구체적이고 다양한 방법에 대해 알아보고자 한다.

1. 직업정보의 개념

직업정보는 직업과 관련된 모든 정보로 개인적 차원에서 기업적 차원, 국가적 차원에 이르기까지 다양한 영역과 범위에서 활용된다. 개인적 차원에서는 한 개인이 노동시장 진출을 위한 대비책을 세울 수 있게 하며, 기업적 차원에서는 정확한 직업별 수행 직무의 파악으로 합리적 인사관리와 과학적 안전관리를 할 수 있게 해 준다. 또한 국가적 측면에서는 체계적인 직업정보를 기초로 직업훈련 기준을 설정하고, 이를 고용정책 결정의 기초 자료로 활용할 수 있다. 이처럼 정확하고 유용한 직업정보는 노동 생산성과 노동시장의 효율성을 높일 수 있다.

대학생의 직업 탐색 및 선택을 위한 직업정보에는 직업의 구체적 유형인 직종과 직종에서 구분되는 직군, 계열 등과 함께 직무와 그 직무에서 요구되는 과업, 행위 등이 고려되어야 한다. 여기서 직무란 직책이나 직업상에서 책임을 지고 담당하여 맡고 있는 업무이며, 직무능력이란 각 직무에서 탁월한 성과 도출을 위해 요구되는 능력과 행동특성을 말한다.

이와 관련된 국가직무능력표준 분류(2015) 표를 〈부록〉에 제시하였다.

2. 직업정보 탐색

직업정보 탐색의 첫 출발은 무작정 급여, 근무조건 등으로만 직업세계를 탐색하는 것이 아니라 반드시 직무유형과 그에 따른 주요 수행 직무 내용 그리고 각 직무유형에서의 필요 자질을 파악하고 그것이 자신의 특성과 어느 정도 일치하는지를 살펴보면서 탐색해야 한다. 직업정보가 다양한 만큼 직업정보의 주요 출처로 인쇄매체, 인터넷 사이트, 기타 매체, 면담 등이 다양하게 존재하지만 여기서는 인터넷 사이트를 중심으로 알아보고자 한다.

〈표 7-1〉의 사이트를 활용하여 직업들의 직종, 직무에 대한 정보를 탐색함으로써 자신이 원하고 자신에게 맞는 일이 어떠한 것인지 구체적으로 생각해 본 뒤, 그것을 바탕으로 직무에 필요한 지식과 자격 등 채용 조건에 대해서 살펴볼 수 있다.

〈표 7-1〉 직업정보를 알아볼 수 있는 사이트

사이트 이름 및 주소	직업에 관한 정보	기타
한국직업정보시스템 http://know.work.go.kr	직업의 다양한 정보 수량화, 진로선택과 직업훈련 및 직업상담	–
한국산업인력공단 http://www.hrdkorea.or.kr	다양한 직업훈련 정보, 국가공인 자격증 취득 관련 정보	학과정보 직업정보
잡플랜21 http://www.jobplan21.co.kr	직업설계에 대한 다양한 안내, 산업별 직업 종류 및 정보	직업정보
한국직업능력개발원 커리어넷 www.careernet.re.kr	직업진로 정보망, 직업사전, 학교, 학과, 자격증 정보, 진로상담	직업정보

〈표 7-2〉 취업정보 포털 사이트

사이트 이름 및 주소	직업에 관한 정보	기타
한국고용정보원 워크넷 http://www.work.go.kr	고용정보 시스템, 취업정보, 직업훈련, 실업대책, 해외취업 및 고용보험 안내	–
잡코리아 http://www.jobkorea.co.kr	업종별·직종별, 직업별, 아르바이트, 헤드헌팅, 인재파견, 연봉 안내	–
월드잡 http://www.worldjob.or.kr	해외구인 수요에 적합한 직종에 대한 해외 취업 서비스 지원	–

커리어 http://www.career.co.kr	구인구직, 아르바이트 채용정보, 자기소개서 및 이력서 작성법 제공	–
인크루트 http://www.incruit.com	실시간 취업정보, 구인구직, 아르바이트, 헤드헌팅, 인 재검색 등 안내	–
파인드잡 http://www.findjob.co.kr	벼룩시장 구인구직 사이트, 지역별 · 직종별 채용, 아르 바이트정보, 인재정보	–
사람인 http://www.saramin.co.kr	구인구직, 아르바이트, 헤드헌팅, 연봉, 면접정보 제공	–

취업정보 탐색을 위하여 이 중에서 대표적인 웹사이트인 워크넷, 잡코리아, 월드잡의 특징 및 제공하는 직업정보를 살펴보면 다음과 같다.

1) 워크넷

정부에서 운영하는 대표적인 웹사이트로 고용노동부 고용안정 정보망인 워크넷(http://www.work.go.kr)이 있다. 워크넷은 고용노동부 산하 전국 고용센터, 지방자치단체 취업정보센터와 온라인으로 연결되어 실시간으로 구인 및 구직 정보를 제공하고 있어 이용률이 매우 높은 편이다. 워크넷은 다양한 일자리 정보, 인재정보 등 각종 취업 관련 정보와 직업적성 흥미검사, 사이버 직업상담, 사이버 채용박람회, 집단상담 프로그램 신청 등 다양한 취업지원 서비스를 구인업체 및 구직자에게 제공하고 있다.

(1) 직업세계 이해
- 직업 · 진로 → 직업정보검색 → 한국직업정보시스템 화면으로 이동
- 직업 · 진로 → 직업정보검색 → 직업탐방 화면으로 이동
- 사이버진로교육센터(http://www.work.go.kr/cyberedu/main.do) → 진로지도 동영상 화면으로 이동

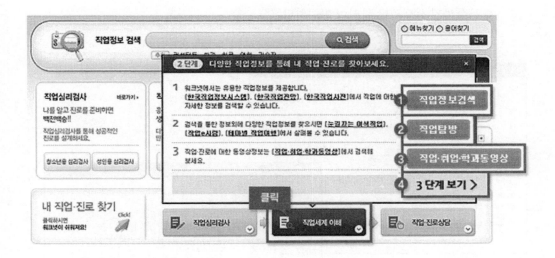

(2) 직업분류

① 이력서 작성 시 희망직종 칸 옆의 직종 찾기를 클릭하면 직종 찾기 팝업창이 뜨며 직종 분류를 선택하면 순차적으로 다음 분류가 뜬다.

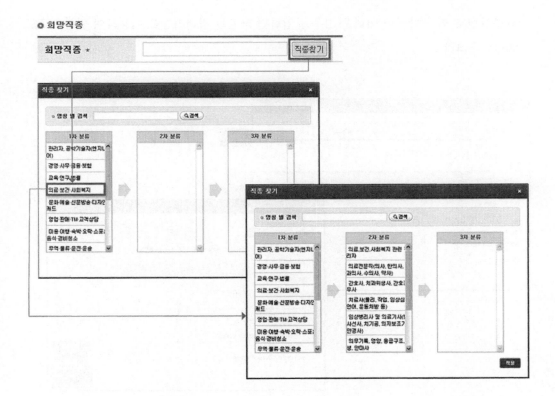

② 3차 분류까지 선택해야 확인이 가능하다.

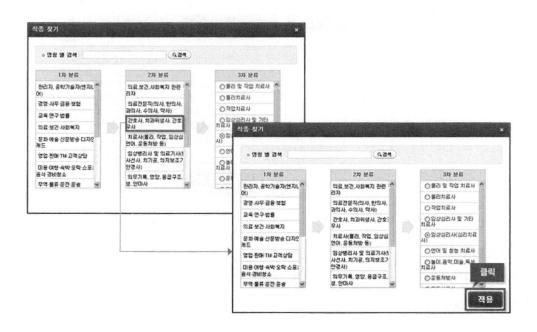

③ 분류별로 직종 탐색이 어려운 경우 팝업화면 상단의 검색기능을 이용하여 명칭으로도 검색이 가능하다.

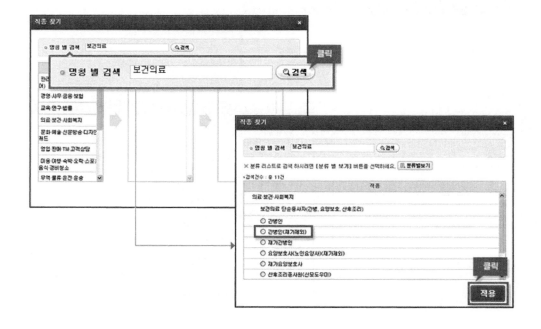

(3) 채용정보 검색

① 상단 메뉴 '채용정보' 또는 채용정보 화면 좌측 메뉴의 '채용정보검색'을 클릭한다.

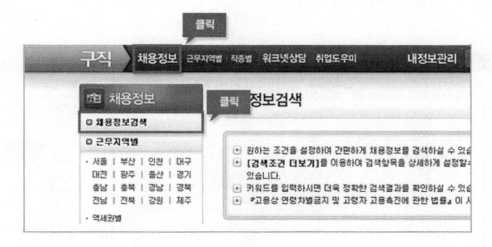

② 검색 조건 입력 사항에 원하는 조건을 입력한 후 '검색' 버튼을 클릭한다.

－간편검색 조건항목 〉 근무지역, 희망직종, 학력, 경력, 우대조건, 등록기간, 검색키워드,
정보제공업체 → 상세검색 추가항목 〉 은행더드림채용관/녹색일자리, 고용형태, 근무형
태, 기업형태별, 사원수, 근무편의, 자격면허 조건을 입력한다.

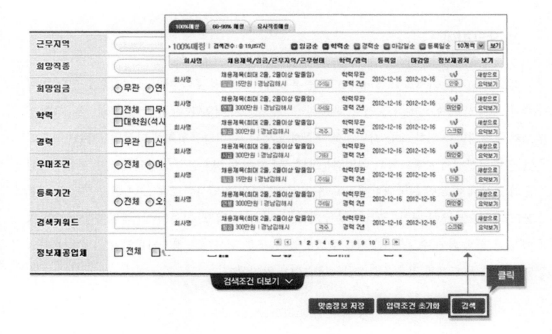

③ 채용정보 목록 중 원하는 채용정보의 '회사명' 또는 '채용제목'을 클릭하면 해당 채용
공고의 상세 정보를 확인할 수 있다. 또한 요약보기를 통하여 채용정보를 간략히 확인할 수
있다.

2) 잡코리아

잡코리아(http://www.jobkorea.co.kr)는 우리나라의 취업 포털 서비스 기업으로 인터넷 이
력서, 채용정보, 아르바이트 정보, 헤드헌팅, 교육정보, 취업 관련 뉴스 및 통계자료, 유학정
보와 경력개발을 위한 교육 서비스를 제공하고 있다. 한국능률협회에 따르면 2014년 잡코리
아는 '한국산업의 브랜드파워 취업전문포털 부문 1위'로 8년 연속 선정되었으며, 한국대학신
문의 조사에 따르면 전국대학생들이 뽑은 선호도 1위 취업사이트에 12년 연속 선정되었다.
잡코리아는 2015년 개인(구직) 회원 수가 1,300만 명이 넘고, 기업(구인) 회원 수는 300만 명
이 넘어 전체 회원 수 1,600만 명을 돌파하였다. 또한 웹사이트 평가기관인 랭키닷컴에 따르
면 방문자 등 트래픽 점유율은 47.16%로 1위를 차지했다.

(1) 채용정보 검색

업종·직종별, 근무지역별, 학력, 급여정도 등의 검색 조건을 통해 채용정보를 검색할 수 있다.

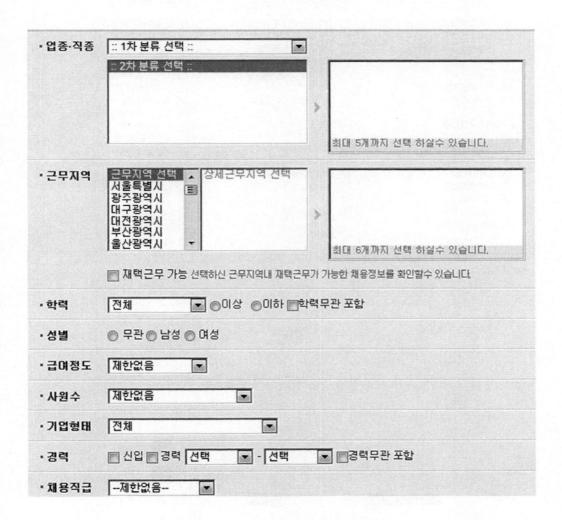

(2) 맞춤 채용정보

① 본인이 원하는 업종을 선택하여 신규 등록한다.

◉ 업·직종 찾기 [_____] [검색]

직종별		업종별

› 경영·사무

☐ 기획·전략·경영
☐ 사무·총무·법무
☐ 인사·노무·교육
☐ 경리·회계·결산
☐ 재무·세무·IR
☐ 비서·인포메이션
☐ 사무보조·문서작성

› 마케팅·무역·유통

☐ 마케팅·광고
☐ 상품기획·MD
☐ 홍보·PR
☐ 무역·해외영업
☐ 구매·자재
☐ 유통·물류·재고
☐ 배송·운전·택배

› 여어 그게 사다

› 연구개발·설계

☐ 자동차·조선·기계
☐ 반도체·디스플레이
☐ 화학·에너지·환경·식품
☐ 전기·전자·제어
☐ 기계설계·CAD·CAM
☐ 건설·설계·인테리어
☐ 통신기술·네트워크구축

› 생산·제조

☐ 생산·제조·설비·조립
☐ 포장·가공·검사
☐ 생산관리·공정관리·품질관리
☐ 시공·현장·공무
☐ 설치·정비·A/S
☐ 시설·빌딩·안전

› 전문·특수직

› 서비스·교육·금융·유통

☐ 공기업·공공기관·협회
☐ 컨설팅·연구·조사
☐ 의료·보건·복지
☐ 호텔·여행·항공
☐ 스포츠·여가·휘트니스
☐ 음식료·외식·프랜차이즈
☐ 회계·세무·법무
☐ 부동산·중개·임대
☐ 교육·유학·학원
☐ 학습지·방문교육
☐ 은행·보험·증권·카드
☐ 캐피탈·대출
☐ 백화점·유통·도소매
☐ 물류·운송·배송
☐ 무역·상사
☐ 정비·A/S
☐ 렌탈·임대·리스
☐ 서치펌·헤드헌팅

› 선택 업·직종 (0/5) | 업.직종 최소 1개 이상, 직종+업종 최대 5개까지 선택 가능   [선택 초기화]

선택한 업·직종이 없습니다.

[선택완료]

② 근무지역, 학력, 나이, 고용형태 등을 선택하여 등록한다.

업직종 *	[_____] [선택]		
키워드 *	[_____] [선택]		
근무지역 *	[전국 ▼] > [____ ▼] [추가]		
학력	[학력무관 ▼]	경력 *	[선택 ▼]
성별 *	◉ 무관 ○ 남자 ○ 여자		
나이 *	◉ 무관 ○ 연령제한 [선택 ▼] 이상 ~ [선택 ▼] 이하		
고용형태 *	☐ 정규직 ☐ 계약직 ☐ 계약직 후 정규직 전환 검토 ☐ 인턴직 ☐ 인턴 후 정규직 전환 검토 ☐ 병역특례 ☐ 위촉직 ☐ 파견·단기 ☐ 채용대행 ☐ 위탁·도급		

[설정·수정하기]

③ 맞춤 채용정보는 최대 3개까지 등록할 수 있으며, 설정된 조건에 따라 채용정보를 확인할 수 있다. RSS 서비스를 이용할 경우 주소 복사를 클릭한 후 RSS Reader[1] 프로그램에 등록하면 실시간으로 맞춤 채용정보를 확인할 수 있다.

3) 월드잡

월드잡(http://www.worldjob.or.kr)은 한국산업인력공단 해외취업국에서 제공하는 서비스로, 간호사, IT 전문인력, 항공승무원, 중국비즈니스 전문가 등 해외구인 수요에 적합한 직종에 대한 해외취업 서비스를 지원하고 있다.

(1) 해외채용 정보

다양한 검색 조건을 이용하여 본인에게 맞는 구인정보를 검색할 수 있다. 원하는 구인정보 상세 조회 시 해당 건에 지원할 수 있으며, 프린트, 스크랩 등의 기능을 이용하여 구인정보를 관리할 수 있다.

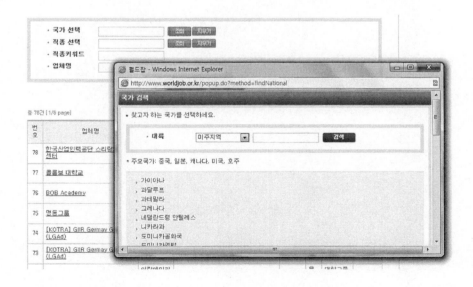

---

1) 콘텐츠 업데이트가 자주 일어나는 웹사이트에서 업데이트 된 정보를 자동적으로 쉽게 사용자들에게 제공하기 위한 서비스다. 사이트가 제공하는 RSS 주소를 소정의 RSS Reader 프로그램에 등록하기만 하면 업데이트된 정보를 찾기 위해 매번 로그인하거나 방문할 필요 없이 자동적으로 이들을 확인하고 이용할 수 있는 편의성이 있다. 신규 또는 관심 있는 정보를 쉽고 빠르게 조회할 수 있다.

(2) 지원현황 관리

한국어, 영어, 일어 3개 국어로 이력서를 작성할 수 있으며, 자신이 해외구인에 지원한 기업의 목록과 그 진행 상태 또한 확인할 수 있다. 온라인으로 입사 지원한 경우, 실업급여 지급 시 증빙자료가 되는 취업활동 증명서를 발급 받을 수 있다.

취업지원현황	연수지원현황	글로벌점프지원서관리	활동보고서작성	글로벌체험이력관리	저소득해외취업지원서관리

▶ **취 업 지 원 현 황**   * 모집기간에만 지원취소가 가능합니다.

번호	구직인증번호	업체명	근무국가	직종	지원일	진행상태	나의상태	취소여부

◀◀ ◀ 1 ▶ ▶▶

본인이 취업을 희망하는 국가와 직종, 학력 등의 조건을 설정해 놓으면 현재 진행 중인 채용정보를 확인할 수 있다. 또한 구인정보 검색 중 원하는 정보를 스크랩할 수 있다.

지금까지 살펴본 것을 바탕으로 직업정보를 검색해 보고, 최종적으로 자신이 원하는 직업을 찾아보는 활동을 해 보자.

📑 Seeing You & Me (라포형성)

• 이번 주에 있었던 일 중 가장 기억에 남는 즐거운 일에 대해서 간단하게 적고 나눠 봅시다.

📑 Map Finding (목표설정)

• 이 수업을 통해 이루고 싶은 목표를 설정해 봅시다.

나는 이 수업을 통해,

_____

_____

_____

_____

를(을) 기대한다.

📝 Investigation (현실점검)

- 기존에 내가 알고 있다고 생각하는 그리고 내가 관심을 가지는 직업에 대한 정보를 다음에 적어 봅시다.

구 분	관심 직업 ①_____	관심 직업 ②_____
하는 일		
되는 길		
관련 학과		
관련 자격		
관련 훈련 기관		
보수		
전망		
필요한 능력		
필요한 지식		
업무 환경		
알맞은 성격		
알맞은 흥미		
알맞은 가치관		

• 관심 직업에 관한 정보를 수집하고 평가하기 위해 다음의 질문에 답하여 봅시다(이 작업을 통해 여러분이 찾은 직업정보가 얼마나 적절한지 파악하고 토론을 통해 객관적인 평가가 이루어질 수 있습니다).

− 직업정보의 출처를 얼마나 신뢰할 수 있나요? 그 이유는 무엇인가요?

− 자신이 찾은 직업정보는 얼마나 최신의 정보인가요?

− 어떤 경로를 이용하여 직업정보를 찾았나요?

− 앞으로 더 필요한 직업정보는 무엇인가요?

− 원하는 직업이나 회사에 취업하는 데 도움을 줄 수 있는 인적 네트워크(교수, 선배, 친구, 취업 준비 카페 등)를 찾아서 적어 봅시다.

📝 **New Planning (대안탐색)**

• 관심 직업에 관한 다양한 정보수집을 위해 구체적인 탐색 방법과 탐색 내용을 적어 봅시다
(예: 인터넷 사이트 검색, 교수와의 상담, 선배 만나기, 직업인 인터뷰, 관련 기관 방문 등).

관심 직업		탐색 방법	탐색 내용
	하는 일		
	되는 길		
	관련 학과		
	관련 자격		
	관련 훈련 기관		
	보수		
	전망		
	필요한 능력		
	필요한 지식		
	업무 환경		
	알맞은 성격		
	알맞은 흥미		
	알맞은 가치관		

Dropping Obstacle (실행계획)

• 관심 있는 직업에 관한 정보를 수집하기 위해 이번 주에 할 수 있는 일은 무엇인가요?

① _____

_____

_____

_____

② _____

_____

_____

_____

• 그 일을 달성하기 위한 구체적인 실행계획을 점검해 봅시다.

실행계획					
구체적인가(S)	측정 가능한가(M)	달성 가능한가(A)	현실적인가(R)	실행 기간은(T)	합계
0 1 2	0 1 2	0 1 2	0 1 2	0 1 2	

📷 과제

• 실행계획에 따라 관심 있는 직업에 대해 수집한 정보를 바탕으로 최종적으로 원하는 직업 및 회사 1, 2순위에 대해 정리한 내용을 적어 봅시다.

항목	1순위	2순위
회사명		
주요 사업 내용		
직무 내용		
모집 인원		
학력		
채용 시 우대 사항		
급여 조건		
근무 시간과 형태		
제출 서류/준비물		
채용담당자/이메일/전화번호		

8장

진로장벽과 진로의사결정

학습고통은 인간을 생각하게 만든다.

사고는 인간을 현명하게 만든다.

지혜는 인생을 견딜 만한 것으로 만든다.

−J. 패트릭

학습목표

- 자신의 진로장벽과 진로의사결정 유형을 알아본다.
- 진로의사결정 유형에 따라 자신의 진로에 대한 결과를 예측하고 시뮬레이션을 해 본다.
- 자신이 세운 진로계획의 결정을 관리하고 행동으로 옮기는 과정에서 발생하는 방해 요소들을 생각하고 대처방안을 모색한다.

자신의 진로를 결정하고 수행하는 데 있어 부정적인 영향을 미치는 진로장벽이 많이 지각되면 진로를 결정하는 데 어려움을 느끼게 되고, 스스로 결정할 수 있다는 자신감과 통제감, 진로효능감이 떨어져 자신의 흥미나 적성과 동떨어진 직업을 선택할 가능성이 높아지게 된다. 따라서 진로장벽이 지각될 경우에는 그것의 해결방안에 관심을 가지고 그 갈등에서 벗어나려는 노력이 필요하다.

여기서는 자신에 대한 정보와 직업세계에 대한 정보의 결여 및 불일치라는 진로장벽을 넘어서 최선의 선택을 합리적으로 어떻게 할 것인가가 중요하다. 진로를 합리적으로 선택하는 것은 개인의 일생을 통해서 성취해야 할 가장 중요한 과업 가운데 하나다. 진로선택의 결과는 우리 생활의 대부분에 영향을 주고 앞으로의 삶에 큰 영향을 미치기 때문이다. 이 장에서는 진로장벽에는 어떠한 것들이 있으며, 진로의사결정 유형 중 자신의 의사결정 유형을 알아보고 좀 더 합리적으로 의사를 결정하는 과정을 연습해 보고자 한다.

1. 진로장벽

진로장벽이란 취업, 진학, 직업생활, 승진, 직업전환 등 진로와 관련된 여러 경험을 수행하는 과정에서 개인의 진로 목표나 동기, 선택에 영향을 미치거나 역할행동을 방해하는 것으로, 개인에게 지각되는 여러 가지 부정적인 사건을 말한다. 여러 진로장벽 중 대표적으로 준비 부족, 정보 결여, 불일치 정보에 대해 살펴보면 다음과 같다.

1) 준비 부족

진로의사결정에 참여하기 전에 진로에 대한 동기 부족, 우유부단한 의사결정, 자신의 신념에 완전히 일치하는 진로를 위해 결정을 유보하는 잘못된 생각 등에서 되도록 빨리 벗어나는 것이 필요하다. 이와 같은 준비가 되어 있을 때 합리적인 진로의사결정에 집중할 수 있기 때문이다.

2) 정보 결여

정보 결여로는 직업결정과정에 대한 지식의 결여, 자기이해의 부족, 여러 가지 대안에 대한 정보의 부족, 획득한 부가적 정보를 사용하는 방법의 무지가 있고, 그에 해당하는 항목은 다음과 같다.

(1) 직업결정과정에 대한 지식의 결여

- 마음에 두고 있는 직업 목록들 중에서 한 가지 직업을 선택할 수 없다.
- 진로선택과 관련된 여러 가치들의 우선순위를 정할 수 없다.
- 처음 선택이 만족스럽지 않지만, 그래도 어쩔 수 없이 결정한 대로 행동한다.
- 진로결정을 할 만큼 충분한 정보를 가지고 있지 않다.
- 내가 관심이 있는 직업에 대한 정보를 얻기 위해 인터넷을 탐색해 보거나 도서관의 책을 찾은 적이 없다.
- 다양한 정보 수집은 오히려 합리적인 직업결정을 방해할 수 있다.

(2) 자기이해의 부족

- 나에게 어떤 재능이 있는지 잘 알지 못한다.
- 내가 무엇을 좋아하는지 잘 알지 못한다.
- 나의 장점과 단점을 잘 알지 못한다.
- 평소 내가 가장 싫어하는 일이 무엇인지 잘 알지 못한다.
- 사람들의 능력, 흥미, 소질 등은 차이가 없다고 생각한다.
- 내가 가장 가치 있게 생각하는 것이 무엇인지 잘 알지 못한다.

(3) 여러 가지 대안에 대한 정보의 부족

- 내가 좋아하는 직업을 가진 사람들이 구체적으로 어떤 일을 하는지 잘 알지 못한다.
- 내 친구들에 비하면 여러 가지 직업분야에 대해 아는 것이 별로 없다.
- 내가 바라는 직업을 갖기 위해 어떤 교육 및 훈련이 필요한지 잘 알지 못한다.
- 내가 대학에서 전공하는 영역과 관계있는 직업에 대하여 잘 알지 못한다.

• 내가 좋아하는 직업의 좋은 점과 나쁜 점을 말할 수 없다.

(4) 획득한 부가적 정보를 사용하는 방법의 무지

• 여러 대안들 중 무엇을 우선으로 고려할 것인지에 대한 나름대로의 기준이 없다.
• 여러 직업을 살펴보았으나 어떤 직업이 나에게 적합한지 잘 모르겠다.
• 여러 직업을 살펴보았으나 어떤 기준에 따라 선택해야 할지 모르겠다.
• 도대체 어떤 직업이 나에게 맞을지 알 수가 없다.
• 직업에 대한 정보가 너무 많아서 어떤 것이 나에게 유용한지 판단할 수 없다.
• 선택을 위해 수집된 다양한 정보 중 나에게 적합한지 혹은 아닌지를 판단할 수 없다.

3) 불일치 정보

불일치 정보 역시 진로결정과정에서 야기될 수 있는 장애들이며, 이 중에는 비현실적인 기대, 내적 갈등, 외적 갈등이 있으며, 그에 해당하는 항목은 다음과 같다.

(1) 비현실적 기대

• 나의 현재 성적과는 별개로 내가 원하는 일류 직업에 취업할 수 있다.
• 나의 실력에 관계없이 내가 바라는 직업에 반드시 취업할 수 있다.
• 세상 사람들이 말하는 일류 직업에 취업하기를 간절히 소원하면, 그 소원이 반드시 이루어진다.
• 기적이 일어나 아주 근사한 직업에 취업할 수 있을 것이다.

(2) 내적 갈등

• 만족할 만한 직업을 선택해야 한다는 압박감을 느끼고 있다.
• 진로를 선택해야한다는 생각에 자주 우울감에 빠지곤 한다.
• 내가 좋아하는 직업을 결정하고 싶지만 나의 결정을 믿을 수가 없다.
• 나는 나를 충분히 이해하였다고 생각하지만 가끔 나 자신을 잘 모르겠다.

(3) 외적 갈등

- 진로를 결정할 때 나의 의견은 상관없이 부모의 의견을 따라야만 한다.
- 결정한 직업에 대하여 부모의 반대가 있으면 나의 결정을 바꾸어야 한다.
- 내가 선택한 직업을 친구들이 인정해 주지 않으면 바꿀 것이다.
- 부모는 내가 원치 않는 직업을 강요한다.
- 부모가 기대하는 직업이 나의 마음에 들지 않는다.
- 내가 희망하는 직업을 부모가 찬성하지 않는다.

지금까지 살펴본 진로장벽의 요소는 직업을 결정하고 취업을 해야 하는 발달과업의 수행을 힘들게 한다. 진로장벽을 극복하는 현명한 방법은 진로에 방해가 되는 문제를 찾아내고 해결방법을 모색하는 것이다. 이같은 현명한 문제해결 능력을 습득할 수 없는 이유는 현재 우리 교육체계에서는 일반적인 문제해결 능력이나 기술을 가르칠 수 있는 특별한 방법이 없고 그것이 무엇인지 정의하기도 어려우며 간단하게 교육될 수도 없기 때문이다. 문제해결은 여러 가지 서로 다른 기술이 동원되는 매우 복잡한 과정으로 합리적인 측면뿐만 아니라 강력한 정서적인 요소도 포함하고 있다.

문제를 해결하지 못하고 어려움을 겪는 대부분의 사람들에게서는 다음과 같은 공통점을 찾아 볼 수 있다. 첫째, 자신과 문제 상황에 존재하고 있는 중요한 요인들을 서로 얽힌 강한 정서적 요소 때문에 왜곡하거나 부인해 버린다. 둘째, 발생된 문제나 예상된 어려운 상황에 대해 충분히 검토하거나 분석하지 않고 성급하게 해결 방안을 결정하고 실패하여 시간을 허비한다. 셋째, 새로운 도전과 기회 앞에서 자신의 창의적인 능력을 사용하지 않고 이전의 낡은 방식으로 기계적으로 대응한다.

2. 진로의사결정

우리는 어떤 옷을 입을지, 점심으로 무엇을 먹을 것인지, 공부를 한다면 어떤 공부를 먼저 할 것인지, 친구들과 놀러 나간다면 영화를 볼 것인지 등에서처럼 일상생활의 대부분에서 의사결정을 한다. 이러한 의사결정 중 어떤 것은 우리의 인생에 아주 미미한 영향을 미칠 수도 있지만, 어떤 의사결정은 우리의 인생 전반에 걸쳐서 큰 영향을 미칠 수도 있다. 지금의 우리는 과거에 내렸던 우리 자신의 의사결정들이 모여 이룬 하나의 결과이며, 또한 현재 어떠한 의사결정을 내리는가는 우리의 미래를 만드는 원인이 된다. 즉, 현재의 의사결정이 미래의 우리 모습을 만들 것이다.

이러한 측면에서 진로설계는 우리의 미래를 만들어 가는 의사결정의 하나로서 매우 중요하다고 할 수 있다. 그럼에도 불구하고 많은 이들이 진로설계의 중요성을 인식하지 못하는 경우가 있다. 하지만 그렇다고 하더라도 현재의 선택이 미래를 만들어 가는 데 있어서는 변함이 없다. 따라서 우리는 자신의 미래를 위한 진로설계와 진로에 대한 의사결정을 하는 데 있어 더욱 신중해질 필요가 있다.

효과적인 의사결정을 하기 위해서는 의사결정과 관련된 정보를 획득하고, 결정에 대한 대안을 마련하고, 제한 시간 안에 결정을 내려야 하며, 의사결정의 오류를 최소화하기 위해 노력함과 동시에 다양한 관점에서 발생할 수 있는 일의 가능성에 대한 결과를 예측하고 준비하는 자세가 필요할 것이다.

1) 진로의사결정 유형

진로의사결정 유형 검사를 실시하여 자신의 진로의사결정 유형을 알아보고, 각 의사결정에 대한 토의를 해 보도록 하자.

〈진로의사결정 유형 검사〉

다음의 문항을 읽고 자신에게 해당되면 ○표를 하십시오. 가장 많이 응답한 것이 자신의 유형입니다.

• A 유형

번호	문항	응답
1	나는 중요한 결정을 할 때 매우 체계적으로 한다.	
2	나는 모든 정보를 수집할 수 없는 상태에서는 중요한 결정을 좀처럼 하지 않는다.	
3	나는 어떤 결정을 할 때 그것이 나중에 미칠 결과까지도 고려한다.	
4	나는 충분한 시간을 두고 생각을 한 후에 결정을 한다.	
5	나는 중요한 결정을 해야 할 때 우선 충분한 시간을 갖고, 계획을 세우며, 실천할 일들을 골똘히 생각한다.	
6	나는 결정에 앞서 모든 정보가 확실한지 아닌지를 재검토한다.	
	총 개수:	개

• B 유형

번호	문항	응답
1	나는 중요한 결정을 할 때 자신의 감정과 반응에 따른다.	
2	나는 어떤 일을 점검해 보거나 사실을 알아보지도 않고 결정하는 경우가 많다.	
3	나는 진지하게 생각해서 결정하지 않는다. 즉, 마음속에 있던 생각이 갑자기 떠올라 그에 따라 결정한다.	
4	나는 어떤 일을 결정한 후에 대개 그 결정이 내 마음에 들지 안 들지를 상상해 본다.	
5	나는 내가 내리는 결정에 굳이 합리적인 이유를 따질 필요가 없다고 생각한다.	
6	나는 어떤 결정이 잠정적으로 만족스러우면 그 결정이 옳은 것으로 여긴다.	
	총 개수:	개

• C 유형

번호	문항	응답
1	나는 중요한 결정을 할 때 누군가가 올바른 방향으로 이끌어 주었으면 한다.	
2	나는 어떤 결정을 할 때 친구의 생각을 중요시 한다.	
3	나는 남의 도움 없이는 중요한 결정을 하기가 정말 힘들다.	
4	나는 내가 좋아서 결정하기보다는 남의 생각에 따라 결정하는 경우가 많다.	
5	나는 친한 친구와 먼저 상의하지 않고서는 어떤 일이든 좀처럼 결정하지 않는다.	
6	나는 결정하는 것이 어려워 그것을 연기하는 경우가 많다.	
	총 개수 : 개	

(1) A: 합리적 유형

자신과 상황에 대하여 정확한 정보를 수집하며 신중하고 논리적으로 의사결정을 수행해 나가며 의사결정에 대한 책임을 스스로 진다.

- 나는 중요한 의사결정을 할 때, 한 단계 한 단계 체계적으로 한다.
- 나는 얻을 수 있는 모든 정보를 수집하지 않고는 중요한 의사결정을 거의 하지 않는다.
- 나는 의사결정을 할 때, 이 의사결정과 관련된 결과까지 고려한다.
- 나는 어떤 의사결정을 할 때, 시간을 가지고 주의 깊게 생각해 본다.
- 나는 중대한 의사결정 문제가 있을 때, 그것을 계획하고 생각할 시간을 충분히 갖는다.
- 나는 어떤 중요한 일을 하기 전에 신중하게 계획을 세운다.

(2) B: 직관적 유형

합리적 유형과 같이 의사결정에 대한 책임을 지지만 대안에 대한 논리적인 평가과정은 거의 갖지 않는다. 의사결정의 기초로서 상상을 사용하고 현재의 감정에 주의를 기울이며 자각을 사용하는 특징이 있다.

- 나는 어려운 문제에 부딪치면 재빨리 결정을 내린다.
- 나는 의사결정에 관해 실제로 생각하지는 않지만 갑자기 생각이 떠오르면서 무엇을 해

야 할지를 알게 된다.

- 나는 의사결정을 할 때, 마음이 가장 끌리는 쪽으로 결정을 한다.
- 나는 의사결정을 할 때, 예감 또는 육감을 중요시한다.
- 어떤 의사결정이 감정적으로 나에게 만족스러우면 나는 그 결정을 올바른 것으로 본다.

(3) C: 의존적 유형

합리적·직관적 유형과는 다르게 의사결정에 대한 개인적인 책임을 부정하고 그 책임을 외부로 투사하려는 경향이 있다. 의사결정 과정에서 타인의 영향을 많이 받으며 수동적이고 사회적 인정에 대한 욕구가 높으며, 친구들에 의해 결정 상황이 여러 가지로 제한을 받는다고 지각한다. 결정을 할 때 친구들이 나의 결정을 어떻게 생각할 것인가를 매우 중요시한다.

- 결정을 할 때 친구들이 나의 결정을 어떻게 생각할 것인가를 매우 중요시한다.
- 나는 다른 사람의 도움 없이는 중요한 의사결정을 하기가 힘들다.
- 나는 내가 하고 싶은 것보다 다른 사람이 어떻게 생각하느냐에 영향을 받아 의사를 결정한다.
- 나는 친한 친구에게 먼저 이야기하지 않고는 의사결정을 거의 하지 않는다.
- 나는 의사결정을 못한 채 뒤로 미루는 경우가 많다.
- 의사결정을 할 때 나는 다른 사람의 많은 격려와 지지를 필요로 한다.
- 대개의 경우 나는 주위 사람들이 바라는 방향으로 의사결정을 한다.

2) 합리적으로 진로의사 결정하기

나에 대한 정보, 직업세계에 대한 정보, 미래의 직업세계 변화에 대한 정보 등을 고려하여 최종적으로 진로의사를 결정하는 것이 중요하다. 진로를 결정하는 일은 개인의 일생을 통해서 성취해야 하는 가장 중요한 과업 중의 하나이기 때문에 그만큼 더 신중을 기해야 한다. 그러나 실제로는 이렇게 중요한 결정이 매우 불합리한 과정을 거쳐서 내려지는 경우가 많다. 즉, 자신에 대한 적성이나 흥미에 대한 이해 없이, 직업세계에 대한 정확한 정보 없이, 미래 직업세계에 대한 변화의 예측 없이, 그리고 외적인 욕구나 압력에 의해서 불합리한 결정을 내리는 경우가 많다. 따라서 합리적으로 진로의사결정을 할 수 있도록 의사결정 기술을 증진시키는 일이 중요하다.

앞서 언급했듯이, 의사결정 유형에는 합리적 · 직관적 · 의존적 유형이 있다. 합리적 의사결정 유형은 의사결정 시 논리적 · 체계적으로 접근하며, 결정을 내리기 위해 관련 정보를 수집하고 이전의 결정을 검토해 보며, 현재 자신의 결정이 미칠 영향에 대해서도 미리 생각해 보는 유형이다. 이 유형은 결정을 내리기까지 여러 가지 준비를 필요로 하고 정보를 수집해야 하므로 결정하는 데 다소 시간이 소요된다. 이러한 유형은 시간이 많이 소요된다는 단점이 있지만 자신과 직업세계에 대한 이해를 바탕으로 선택한 결정이므로 그 결정에 대한 책임을 스스로 지는 유형이다. 따라서 자신의 평소 의사결정 유형에 상관없이 가능한 한 합리적 의사결정 방법을 익혀서 진로의사결정에 적용할 수 있어야 한다. 일반적으로 합리적 의사결정 방법은 4단계로 설명할 수 있는데, 다이어트를 예로 설명하면 다음과 같다.

〈예 시〉

• 1단계: 목표설정

> 결정 목표: '복부 다이어트를 위해 어떤 운동을 할지 결정한다.'

• 2단계: 현실점검

지금까지 다이어트를 위해 시도해 본 것들, 과거의 경험 중 긍정적인 것을 탐색해 본다.

_____

_____

_____

• 3단계: 대안탐색

돈이 많이 들지 않으면서 살이 빠지는 것을 나열해 본다.

_____

_____

_____

⚙ **대안탐색 시 고려 사항**

- 될 수 있으면 돈이 들지 않을 것
- 시간 제약을 받지 않을 것(아무 때나 가능할 것)
- 움직임이 적은 운동일 것
- 공간의 제약을 받지 않을 것
- 운동기구가 저렴하거나 기구가 필요 없을 것
- 땀이 나는 운동이라면 샤워 공간 등 운동 후 씻을 수 있는 적당한 곳이 있을 것
- 감량 효과가 확실할 것

• 4단계: 실행계획

– 건강을 해치지 않으면서 다이어트를 할 수 있는 일들 중에 이번 주에 할 수 있는 일은 무엇인가요?

–그 일을 달성하기 위한 구체적인 실행계획은 무엇인가요?

실행계획				
구체적인가?	측정가능한가?	달성가능한가?	현실적인가?	실행 기간은?

이러한 합리적 의사결정 단계를 여러 가지 의사결정에 적용하며 연습해 봄으로써 자신의 것으로 만들 수 있다. 지금까지 살펴본 것을 바탕으로 의사를 합리적으로 결정하는 능력을 배양하여 자신에게 잘 맞는 진로를 선택하는 데 도움이 될 수 있는 활동을 해 보자.

📋 Seeing You & Me (라포형성)

• 이번 주에 있었던 일 중 가장 기억에 남는 즐거운 일에 대해서 간단하게 적고 나눠 봅시다.

📋 Map Finding (목표설정)

• 이 수업을 통해 이루고 싶은 목표를 설정해 봅시다.

나는 이 수업을 통해,

를(을) 기대한다.

🗒 Investigation (현실점검)

• 현재 예상되는 자신의 진로장벽을 마인드맵으로 적어 봅시다.

나의
진로장벽

• 다음은 진로장벽의 여러 영역을 보다 자세하게 파악해 보기 위해 제작된 진로장벽검사입니다. 각 문항을 읽고 자신에게 해당하는 부분에 체크하고, 어떤 유형의 진로장벽이 자신에게 문제가 될지, 또 다른 장벽은 없을지 생각해 봅시다.

영역	문항	전혀 아니다 (1점)	아니다 (2점)	그렇다 (3점)	매우 그렇다 (4점)
대인 관계의 어려움	1. 나는 인간관계 형성이 힘들기 때문에 편이기 때문에 직장생활에서 어려움이 예상된다.				
	2. 나는 직장생활에서 일과 관련된 어려움보다는 사람들과의 관계에 있어서 어려움이 더 클 것이다.				
	3. 나는 사람들과 어울리지 못하기 때문에 직장생활이 어려울 것이다.				
	4. 나는 내가 어떤 일을 좋아하는지 모르겠다.				
자기 명확성 부족	1. 나는 우유부단해서 무엇인가를 결정하기가 어렵다.				
	2. 나는 내가 원하는 직업에서 필요한 기술을 습득하는 능력이 부족하다.				
	3. 나는 좋지 않은 성적 때문에 취업하기 어려울 것이다.				
	4. 나는 무엇인가를 결정 내리고 난 후 그 결정에 대해 후회하는 경우가 많다.				
	5. 나는 일반적으로 어떠한 결정을 내리는 것이 어렵다.				
	6. 나는 어려운 일이 닥치면 피하고 싶다.				
경제적 어려움	1. 내가 원하는 진로와 목표의 성취를 위해 필요한 경제적인 지원이 부족하다.				
	2. 돈을 빨리, 많이 벌어서 가정 형편에 도움이 되어야 한다.				
	3. 내가 원하는 일을 할 수 없는 것은 돈이 없기 때문이다.				
	4. 경제적 문제로 인해 내가 원하는 일을 할 수 없다.				
	5. 나는 앞으로의 진로 선택에 있어서 경제적인 문제의 해결을 가장 중요하게 생각한다.				

(계속)

중요한 타인과의 갈등	1. 앞으로 나의 진로는 부모의 반대나 간섭으로 인해 영향을 많이 받을 것이다.				
	2. 나는 부모나 이성 친구가 나의 진로선택을 좋아하지 않을까 봐 걱정된다.				
	3. 나에게 중요한 사람들이 내가 생각하고 있는 진로에 동의하지 않는다면, 진로를 결정하기 어려울 것이다.				
	4. 나는 부모나 집안의 기대 때문에 내가 하고 싶은 일을 하지 못할 것이다.				
	5. 부모가 반대하면, 내가 하고 싶은 일이라도 직업으로 결정하기는 어려울 것이다.				
직업 정보 부족	1. 나는 직업에 대한 정보를 어디서 얻는지 잘 모르겠다.				
	2. 내가 선택할 수 있는 직업들에 대한 정보를 잘 모르겠다.				
	3. 나는 여러 가지 직업 분야에서 사람들이 실제로 어떤 일들을 하고 있는지에 대해서 잘 알지 못한다.				
	4. 내가 잘할 수 있는 직업 분야가 무엇인지 아직 잘 모르겠다.				
	5. 내가 하고자 하는 일이나 교육 등에 대한 자료 얻기가 어렵다.				
나이 문제	1. 나는 나이 때문에 진로에 대한 결정을 빨리 내려야 한다.				
	2. 나는 나이 때문에 하고 싶은 일을 할 시기를 놓쳤다고 생각한다.				
	3. 나는 나이 때문에 진로에 있어서 남들에게 뒤처질까 봐 걱정이 된다.				
	4. 나는 나이 때문에 진로를 계획하고 행동으로 옮기는 데 있어 지장을 받을 것이다.				
신체적 열등감	1. 내가 하고 싶은 일을 하기에는 나의 신체적 조건이 나쁘다.				
	2. 나는 건강 때문에 진로선택에 어려움을 겪을 것이다.				
	3. 신체적인 열등감이 나의 진로선택이나 계획에 영향을 준다.				
	4. 나는 신체적인 열등감을 느끼고 있다.				

(계속)

흥미 부족	1. 앞으로 내가 선택한 직업에 종사할 때, 그 일이 점차 지루해 질 것이다.				
	2. 앞으로 내가 선택한 직업에 종사할 때, 그 일에 흥미가 점점 없어질 것 같다.				
	3. 나는 흥미 있는 일이나 선택하고 싶은 직업이 없다.				
	4. 내가 지금 흥미를 갖고 있는 일은 시간이 흐르면 바뀔 것 이다.				
미래 불안	1. 사회경제적 환경의 변화에 나의 취업은 영향을 많이 받는다.				
	2. 나는 앞으로의 진로에 대해 막연한 불안함이 있다.				
	3. 나는 앞으로 내가 원하는 진로를 갖지 못할까 봐 불안하다.				
	4. 나는 취업이 잘 안 될 것이다.				
	5. 경기 불황으로 인해 일자리가 부족한 것이 나의 취업에 영 향을 준다.				
	6. 시대 흐름의 변화가 나의 진로에 대한 선택과 계획에 혼란 을 초래하고 있다.				

*채점방법: 각 영역에 속한 문항 점수를 평균을 내어 구합니다. 점수가 높을수록 해당 영역의 진로장벽이 높은 것을 의미합니다.
출처: 김은영(2001). 한국 대학생 진로탐색장애검사 개발 및 타당화 연구.

📝 New Planning (대안탐색)

• 진로장벽 검사결과를 통하여 본인의 취약한 진로장벽 영역을 파악할 수 있었습니다. 자신의
  진로장벽을 극복할 수 있는 대안이 있다면 찾아봅시다.

진로장벽	대안

📋 Dropping Obstacle (실행계획)

• 대안 중에서 하나를 정해 구체적인 실행계획을 세워 봅시다.

```
```

• 그 일을 달성하기 위한 구체적인 실행계획을 점검해 봅시다.

실행계획						
구체적인가(S)	측정 가능한가(M)	달성 가능한가(A)	현실적인가(R)	실행 기간은(T)	합계
0 1 2	0 1 2	0 1 2	0 1 2	0 1 2	

9장

나의 비전과 목표설정하기

인생의 목표를 설정하는 것은 씨앗을 뿌리는 것과 같다.
목표를 세우지 않는 것은 씨도 뿌리지 않고,
땅에서 새싹이 돋아나길 기다리는 것과 같다.

― 셰리 카터 스콧, 『성공의 법칙』 중에서

학습목표

• 자신의 비전을 말할 수 있다.
• 자신의 비전에 기초한 목표를 설정하고 실행계획을 수립할 수 있다.

뚜렷한 비전을 지닌 사람은 오늘 자신이 무엇을 해야 하는지를 알고 의욕적으로 생활해 나간다. 그 결과 여러 성공을 통해 성취감을 맛보고 더 큰 목표에 점점 다가가며 행복을 느끼게 된다. 대학생활에서 인생의 비전과 목표를 설정하는 것은 중요한 과제 중 하나다. 인생의 비전은 거창한 것이 아니라 자신의 인생에서 무언가를 이루기를 간절히 열망하는 모습으로, 스스로가 만족할 수 있는 모습이다. 비전을 설정하는 것은 씨앗을 뿌리는 것과 같다. 그러므로 내가 이루고자 하는 씨앗을 뿌려 그 씨앗이 잘 자라도록 영양분을 적절히 공급해 주는 것이 필요하다. 행복한 삶의 조건은 목표를 지니는 것이고, 이러한 목표로 인하여 성공할 수 있다. 이러한 인생의 비전은 스스로 시도해 보지 않고는 알 수 없다. 시도조차 해 보지 않고 포기하는 것은 어리석은 일이다.

인생의 뚜렷한 비전과 목표를 지닌 사람은 그것을 이루기 위해 한 해, 이번 달, 오늘 그리고 지금 이 순간을 열정적으로 살아간다. 인생의 비전은 한 순간에 이루어지는 것이 아니라 목표 성취를 통해 여러 단계와 과정을 거쳐야 한다. 이 장에서는 비전에 대해서 알아보고 그에 따른 목표 설정하며 실행계획을 세워 보도록 한다.

1. 나의 비전

비전은 눈에 보이지는 않지만 내 삶이 가고자 하는 바람직한 방향으로 내가 꿈꾸는 미래의 모습이다. 비전을 가지고 있다는 것은 자신이 누구이고, 어디로 가고 있으며, 무엇이 그 여정을 인도할지 아는 것이며, 이는 자신이 바라는 인생의 청사진을 잘 그려 갈 수 있도록 지침을 준다. 비전의 몇 가지 특징은 다음과 같다.

- 비전은 미래에 대한 것으로 자신의 삶 전체를 조명해 줄 수 있는 원대한 것이어야 한다.
- 비전은 바람직한 것으로 다른 사람과 함께 나누고 사회에 기여할 수 있는 것이어야 한다.
- 비전은 자신을 끊임없이 계발하고 발전시키는 변화를 수반하는 것이어야 한다.
- 비전을 이루기 위해서 목표를 수립하고, 그 목표를 달성하기 위한 세부 계획을 세워 실천하고 노력하는 장기적인 것이어야 한다.

• 장래에 자신이 이루고자 하는 모습이므로 기쁘고 가슴이 설레는 것이어야 한다.

다음은 '존 고다드의 꿈 목록'에 대한 것으로 열다섯 살의 소년인 존 고다드가 연필과 노란 노트를 꺼내 맨 위에 '내 꿈 목록'이라고 쓰고 자신이 평생하고 싶은 것, 가고 싶은 곳, 배우고 싶은 것을 하나씩 기록한 것이다. 조금만 노력하면 할 수 있는 것들과 불가능해 보이는 것들까지 기록해 127개의 목록을 완성하였다. 여기서는 127개 중에 100개의 목록을 제시하고 있다. 이 중에 여러분의 비전과 일치하는 목록이 있는지 찾아보고 동그라미 쳐 보도록 하자.

〈존 고다드의 꿈 목록〉

• 탐험할 장소
1. 나일 강   2. 아마존 강   3. 콩고 강   4. 콜로라도 강   5. 중국의 양쯔강
6. 니제르 강   7. 베네수엘라의 오리노코 강   8. 니카라과의 리오코코 강

• 원시 문화 답사
9. 콩고   10. 뉴기니 섬 11. 브라질 12. 보르네오 섬   13. 수단   14. 호주 원주민들의 문화
15. 케냐 16. 필리핀   17. 탄자니아 18. 에티오피아   19. 나이지리아   20. 알래스카

• 등반할 산
21. 에베레스트 산 22. 안데스 산맥 최고봉 아곤카과 산 23. 멕킨리봉 24. 페루 후아스카란봉
25. 킬리만자로 산 26. 터키 아라라트 산 27. 케냐 산 28. 뉴질랜드 쿠크 산
29. 멕시코 포포카테페틀 산 30. 마터호른 산 31. 라이너 산 32. 후지 산 33. 베수비오스 산
34. 자바 브로모 산 35. 그랜드 테튼 산 36. 켈리포니아 볼디마운틴

• 사진 촬영
37. 브라질 이과수 폭포   38. 빅토리아 폭포   39. 뉴질랜드의 서덜랜드 폭포
40. 요세미티 폭포   41. 나이아가라 폭포   42. 마르코폴로와 알렉산더 대왕의 원정길 되짚어 가기

• 수중탐험
43. 플로리다의 산호 암초 지대   44. 호주 그레이트베리어 대암초 지대   45. 홍해
46. 피지 군도   47. 바하마 군도   48. 오케페노키 늪지대와 에버글레이즈 탐험

• 배워야 할 것들

49. 의료활동과 탐험 분야에서 많은 경력을 쌓을 것 50. 나바호 족과 호피 족 인디언에 대해 배울 것
51. 비행기 조종술 배우기   52. 로즈 퍼레이드에서 말 타기

• 여행할 장소

53. 북극과 남극   54. 중국 만리장성   55. 파나마 운하와 수에즈 운하   56. 이스터 섬
57. 바티칸 시   58. 갈라파고스 군도   59. 인도의 타지마할   60. 피사의 사탑
61. 프랑스의 에펠탑   62. 블루 그로토   63. 런던탑   64. 호주의 아이어 암벽 등반
65. 멕시코 치첸이차의 성스러운 우물   66. 요르단 강을 따라 갈릴리 해에서 사해로 건너가기

• 수영해 볼 장소

67. 중미의 니카라과 호수   68. 빅토리아 호수   69. 슈피리오 호수   70. 탕카니카 호수
71. 티티카카 호수

• 해낼 일

72. 독수리 스카우트 단원 되기 73.잠수함 타기   74. 항공모함에서 비행기를 조종해서 이착륙하기
75. 전 세계의 모든 국가를 한 번씩 방문하기   76. 소형 비행선, 열기구, 글라이더 타기
77. 코끼리, 낙타, 타조, 야생말 타기   78. 4.5kg의 바닷가재와 25cm의 전복 채취하기
79. 스킨 다이빙으로 12m 해저로 내려가서 2분 30초 동안 호흡을 참고 있기
80. 1분에 50자 타자하기   81. 플루트와 바이올린 연주   82. 낙하산 타고 뛰어내리기
83. 스키와 수상스키 배우기 84. 복음 전도 사업 참여 85. 탐험가 존 뮤어의 탐험길 따라 여행할 것
86. 원시 부족의 의약품을 공부해 유용한 것들 가져오기
87. 코끼리, 사자, 코뿔소, 케이프 버팔로, 고래 촬영하기   88. 검도 배우기
89. 동양의 지압술 배우기   90. 대학교에서 강의하기   91. 해저 세계 탐험하기
92. 타잔 영화에 출연하기   93. 말, 침팬지, 치타, 오셀롯, 코요테 키워보기
94. 발리 섬의 장례 의식 참관   95. 아마추어 햄 무선국의 회원되기
96. 자기 소유의 천체 망원경 세우기   97. 저서 한 권 갖기   98. 내셔널지오그래픽지에 기사 싣기
99. 몸무게 80kg 유지   100. 윗몸일으키기 200회, 턱걸이 20회 유지

출처: 류시화 역(2006). 영혼을 위한 닭고기 수프.

2. 목표설정

비전이 삶의 목적지라면 그 목적지를 가기 위해 들러야 하는 정거장이 바로 목표다. 삶에서 목표를 세움으로써 얻을 수 있는 것은 무엇일까? 첫째, 삶에서 목표가 있으면 자신이 해야할 일이 분명하기 때문에 방황이나 혼란을 막을 수 있다. 둘째, 자신의 힘을 한 방향으로 집중할 수 있게 된다. 셋째, 목표 수립 자체가 동기유발로 작용하여 실행능력을 높여 행동으로 옮길 수 있게 한다. 넷째, 자신이 가고자 하는 삶의 방향과 비전에 맞는 목표를 설정함으로써 스스로를 삶의 주인이 되게 한다.

즉, 성공하는 삶을 위해서는 비전 제시, 목표설정과 실행 계획 수립이 잘 이루어져야 한다. 박윤희(2015)의 미국 통계조사에 따르면 전체 인구 중 27%는 자신의 미래에 대해 아무 생각 없이 산다고 하며, 60% 정도는 자신의 미래에 대한 생각을 조금 가지고 있고, 10%의 사람들은 좀 구체적으로 자신의 미래에 대해 생각하며, 3%의 사람만이 자신의 미래에 대해 구체적인 목표를 가지고 그것을 기록한다. 이 통계 수치는 정부의 보조로 생계를 유지하는 층(27%), 겨우 생계를 유지하는 층(60%), 부유층(10%), 최상의 부유층(3%)에 대한 수치와 일치한다. 따라서 목표를 세우지 않고 사는 사람보다 목표를 구체적으로 세우고 사는 사람이 부유하게 산다는 것을 알 수 있다.

목표를 정하는 것은 성공적인 삶뿐만 아니라 삶에 변화를 줄 수 있다. 그러나 많은 사람이 목표를 어떻게 설정하는지 잘 모르고 혹은 목표가 있다고 하더라도 행복이나 부자가 되는 것 등의 추상적인 소망에 불과한 경우가 많다. 목표는 소망과 달리 명확하고 구체적인 기록이 가능해야 하며 다른 사람에게 쉽게 설명할 수 있고 성취 여부를 측정할 수 있어야 한다.

그러면 바람직한 목표를 정하기 위해 필요한 것은 무엇일까? 첫째, 스스로 자신의 능력을 평가하고 이를 바탕으로 목표를 직접 수립해야 한다. 둘째, 목표는 달성하기가 다소 어렵더라도 도전적으로 수립해야 한다. 셋째, 목표는 자신의 꿈을 이룰 수 있는 것이어야 한다. 넷째, 목표는 변화하는 환경과 사회상을 반영한 것이어야 한다. 다섯째, 목표는 구체적이고 달성 정도를 쉽게 측정할 수 있어야 한다.

1) 구체적인 목표설정

구체적인 목표와 실천이 따르지 않는다면 아무리 큰 꿈일지라도 이루기 어렵다. 그러므로 실현 가능성이 높은 구체적인 목표를 두고 계획적으로 실천하는 것이 중요하다. 다음에서 SMART 기법을 이용하여 구체적인 목표를 설정하는 방법을 연습해 보도록 하자.

SMART 기법이란 구체성 있고(Specific), 측정 가능하면서(Measurable), 달성 가능하며 (Attainable), 현실적이고(Realistic), 기간 설정을 두어(Time-limited) 자신의 목표를 설정하는 것을 의미한다.

〈표 9-1〉 목표설정을 위한 SMART 기법

과제	내용
구체적인(S)	목표는 자신뿐만 아니라 타인도 명확히 알 수 있도록 구체적이고 분명하게
측정 가능한(M)	어느 정도 달성되었는지 관찰 가능하며 계량화할 수 있게
달성 가능한(A)	목표달성을 위해 무엇을 해야 하는지를 명확하게
현실적인(R)	현실적으로 적절하고 실현 가능하게
기간 설정(T)	목표달성 시간과 시기를 적절하게 설정하여 평가하게

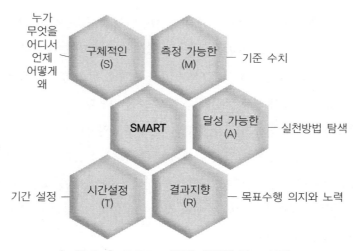

[그림 9-1] SMART 기법을 활용한 목표 설정

⟨표 9-2⟩ SMART 기법을 활용한 목표설정 예시

과제	내용
구체적인(S)	토익 점수를 100점 올린다.
측정 가능한(M)	매일 아침 7~8시에 1시간씩 공부한다. 또는 한 장씩 공부한다.
달성 가능한(A)	매일 아침 7~8시에 1시간씩 공부하는 것이 가능한지 점검한다.
현실적인(R)	늦잠이 많기 때문에 현실적으로 실현 가능하도록 밤 10~11시로 공부 시간을 옮긴다.
기간 설정(T)	다음 토익 시험 때까지 공부하겠다.

목표: 나는 매일 밤 10~11시에 1시간씩 공부하여 다음 토익 시험 때 토익 점수를 100점 올리겠다.

2) 목표실행을 위한 전략

목표는 단순한 기대나 희망과는 달리 실천하면서 실재적인 계획들로 쉽게 바뀔 수 있다. 목표는 선택, 우선순위 매기기, 결정 등을 위한 기초가 된다. 막연한 바람이나 소망, 희망은 백일몽을 위한 소재나 현실에서 도피하는 수단에 불과하다. 따라서 기대나 희망 등은 목표로 전환되어야 하며, 전환된 목표는 실천으로 이행되어 삶에 일관된 방향을 제시해 줄 수 있다. 목표는 개인을 일정한 방향으로 향하게 하며, 욕구를 직접적으로 충족시켜 준다. 목표의 설정과 수행은 개인의 자원을 동원하고 행동하게 하는 에너지를 발생시킨다. 이러한 목표를 실행하기 위한 기본적인 세 가지 태도는 성취 동기, 자기통제감(성공과 실패의 통제 소재가 자신에게 있다는 믿음), 낙관성(노력하면 이룰 수 있다는 믿음)이 있다. 목표실행을 위해서는 이러한 태도 수준이 높아야 하며, 이 태도는 목표를 위한 계획을 세우고 실행을 하는 데 중요한 역할을 한다. [그림 9-2]는 목표실행을 위한 전략을 보여 준다.

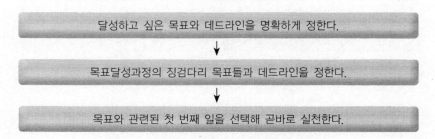

[그림 9-2] 목표실행을 위한 전략

출처: 이민규(2011).

⚙ 之之之中知 行行行中成(지지지중지 행행행중성)

가고 가고 또 가다 보면 알게 되고, 행하고 행하고 또 행하게 되면 이루게 된다.

3) 실천행동 계획 및 관리하기

실천행동 계획의 실현을 위한 최고의 현실 검정은 지금 그것을 실행할 수 있는지 없는지를 결정하는 것이다. 자신의 삶에서 방향을 정하여 이를 통제하고 싶다면, 목표를 설정하고 수행하며 계획을 통해 목표를 행동으로 전환해야 한다. 여기서 계획이란 목표를 성취하기 위한 전략이다. 목표는 자신이 오랜 시간 동안 달성하고 싶은 결과물이기 때문에 매일매일 실천을 이끌 수 있는 계획을 수립해서 이를 관리해야 한다.

한편, 실천을 촉진하기 위해 목표에 대한 실천과정을 공개하여 자신의 의지를 공식적으로 확인받는다면 자신 있게 목표를 실천해 갈 수 있게 된다. 즉, 최단기 목표를 세우고 그것을 공개적으로 확인받고 그 목표달성을 위해 헌신한다면 목표실행에 있어서 개인은 최선을 다한다고 할 수 있다. 최단기 목표는 장기적인 목표를 달성하는 과정 중에 있는 한 단계로 지금 바로 실천할 수 있는 목표다.

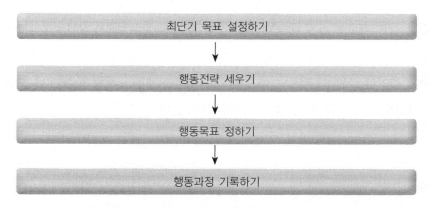

[그림 9-3] 실천행동 기록 및 관리 순서

〈표 9-3〉 실천행동 계획 및 관리 예시

실천행동 계획 및 관리	내용
최단기 목표 설정하기	체력과 몸매 관리를 위해 헬스를 통한 운동하기
행동전략 세우기	헬스장에서 헬스 기구를 이용하여 웨이트트레이닝과 러닝하기
행동목표 정하기	6개월 동안 하루에 1시간 웨이트트레이닝과 러닝하기
행동과정 기록하기	진행 상황표를 작성하여 가족이나 동료에게 공개하기

지금까지 살펴본 것을 바탕으로 자신의 비전을 제시하고 그 실천행동을 계획하는 활동을 해 보자.

📄 Seeing You & Me (라포형성)

- 이번 주에 있었던 일 중 가장 기억에 남는 즐거운 일에 대해서 간단하게 적고 나눠 봅시다.

📄 Map Finding (목표설정)

- 이 수업을 통해 이루고 싶은 목표를 설정해 봅시다.

나는 이 수업을 통해,

률(을) 기대한다.

📋 Investigation (현실점검)

• 사람들은 누구나 마음속에 이루고 싶은 꿈을 가지고 있습니다. 현실을 감안해서 나의 꿈을 구
  체적으로 작성해 봅시다.

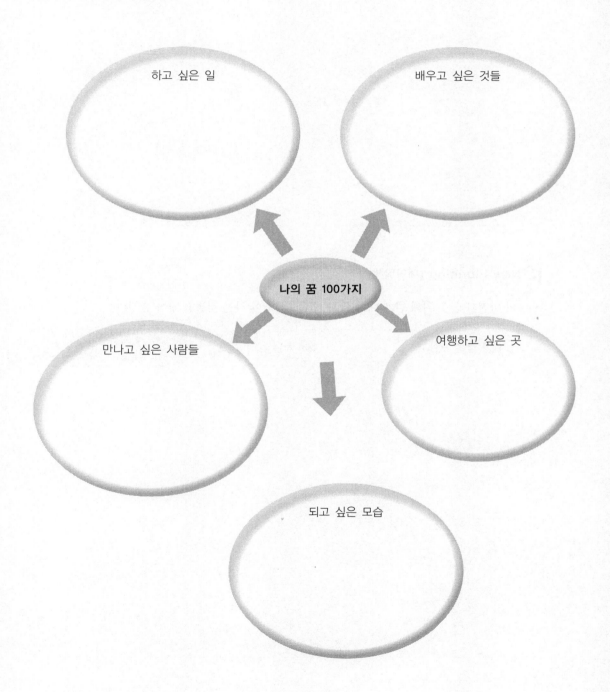

• 이 모든 꿈의 궁극적인 목적, 즉 나의 비전은 무엇인가요? 어떤 삶을 살고 싶은가요?

New Planning (대안탐색)

• 나의 비전과 꿈을 위해 현재 내가 할 수 있는 것, 해야 하는 것들을 찾아 봅시다.

내가 할 수 있는 것	해야 하는 것	지지 자원 (도움받을 곳/사람)

Dropping Obstacle (실행계획)

• 대안 중에서 하나를 정해 실행계획을 세워 봅시다.

• 그 일을 달성하기 위한 구체적인 실행계획을 점검해 봅시다.

실행계획	
구체적인가(S)	측정 가능한가(M)	달성 가능한가(A)	현실적인가(R)	실행 기간은(T)	합계
0 1 2	0 1 2	0 1 2	0 1 2	0 1 2	

4부

취업전략

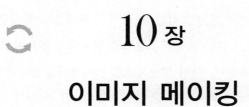

10장
이미지 메이킹

사람의 얼굴은 하나의 풍경이다.
한 권의 책이다.
용모는 결코 거짓말을 하지 않는다.

– 발자크

학습목표

- 자신이 가지고 있거나 만들고 싶은 이미지를 알 수 있다.
- 자신의 잠재된 매력을 재인식하고 자신감을 가지며 새롭고 개성 있는 자신만의 이미지를 연출할 수 있다.

오늘날은 이미지의 시대다. 즉, 우리는 이미지가 경쟁력인 시대를 살아가고 있다. 이미지는 어쩌면 지극히 개인적인 부분에 속하지만, 개인이 가지고 있는 일부분이 그 사람 전체를 표현한다는 점에서 이미지는 개인의 중요한 부분으로 인식되고 있으며, 그에 따라 이미지 메이킹에 대한 중요성도 커지고 있다. 특히 본격적으로 사회생활을 준비하는 대학생은 남들과는 다른 자신만의 이미지를 찾고, 가꾸어 나갈 필요가 있다. 이 장에서는 자신의 이미지를 찾아가는 방법에 대해 알아보고자 한다.

1. 이미지의 의미

일반적으로 이미지란 어떤 사물이나 사람에 대하여 받는 형상이나 심상을 의미하며, 흔히 인상이라는 말로 통칭해서 사용하기도 한다. 결국 사람에 대한 이미지는 그 사람이 가지고 있는 성격, 표정, 외모, 언어, 행동 등을 총체적으로 나타내는 감각적 표현이므로 그 어떤 것보다 그 사람을 한 마디로 설명해 줄 수 있는 영향력 있는 것이다.

사람에 대한 이미지는 개인의 가치관, 생각, 철학, 신념, 성품 등 시각적으로 확인하기 어려운 부분들이 있을 뿐 아니라, 시각적으로 드러나는 경우 외형적인 모습의 일부분이나 전체가 될 수도 있다. 이때 외형적인 모습은 표정, 머리 모양, 복장과 같은 부분뿐만 아니라 그 사람의 자세, 태도, 매너 등 다양한 부분을 일컫기도 한다.

그렇다면 좋은 이미지는 어떤 것인가? 이를 한 마디로 정의내릴 수 없지만, 한 가지 분명한 것은 좋은 이미지를 가지기 위해서 외형적인 모습에만 치중하거나, 내면에는 존재하지 않는 이미지를 거짓으로 만들어 낼 필요는 없다. 거짓된 이미지보다는 행동 습관을 개선하여 새롭고 개성 있는 자신만의 이미지를 연출하거나 커뮤니케이션 능력과 자기 표현력을 향상시킴으로써, 다른 사람과는 차별화된 자신의 이미지를 만들 수 있다. 과장되고 진실하지 않은 이미지는 보는 사람으로 하여금 부담을 느끼게 하고, 진정한 자신의 이미지가 아니기 때문에 본인 역시 그 이미지를 유지하는 데 어려움을 겪을 수 있다. 그렇다면 이제 다른 사람과 구별되는 자신만의 이미지를 만들어 가는 구체적인 방법을 알아보자.

2. 이미지 메이킹의 의미

이미지 메이킹이란 개인이 가지고 있는 내·외적 요소를 통합하여 자신이 추구하는 목적에 맞게 '~다운 이미지'를 만드는 것이다. 구체적으로 말하면, 이미지 메이킹은 자신이 가지고 있는 이미지를 다른 사람이 명확히 알 수 있도록 만들어 가는 것으로, 자신의 이미지를 솔직하고 진실하게 다른 사람에게 알리는 과정이다. 또한 이미지 메이킹은 자신이 가진 목표에 맞는 이미지나 닮고자 하는 대상의 이미지를 모델링하는 것이다.

효과적인 모델링을 위해서는 막연히 목표가 되는 이미지를 모델링하는 것이 아니라, 닮고자 하는 이미지에 개성을 더하여 자신의 색깔이 드러나는 이미지를 메이킹하는 것이 필요하다. 이는 과거 연예인들이 자신을 좀 더 부각시키기 위한 방법으로 이용되었지만, 최근에는 정치인이나 기업들도 자기 이미지를 부각시키기 위해 이미지 메이킹을 하고 있다. 결국 이미지 메이킹은 다른 사람에게 각인시킬 수 있도록 자신을 다듬어 가는 과정이라 할 수 있다.

이미지 메이킹을 위해서는 먼저 자신이 갖고자 하는 직업에 대한 이해가 필요하다. 예를 들어, 영업과 관계된 직업이라면 타인에게 호감을 줄 수 있는 이미지, 금융이나 언론과 관계된 직업이라면 신뢰감을 줄 수 있는 이미지가 도움이 될 것이다. 이처럼 이미지 메이킹을 위해서는 자신이 원하는 직업에 어떤 이미지가 적합한가를 살펴보는 것이 필요하다. 하지만 효과적인 이미지 메이킹을 위해서 무엇보다 중요한 것은 자신의 잠재된 매력을 재인식하는 것이다. 즉, 자신이 가지고 있는 부분들을 최상의 모습으로 끌어내어 타인과 차별화하고 특성화함으로써 내적 이미지를 외부로 표현하는 전략이 필요하다. 좋은 이미지라 하더라도 진정한 자신이 드러나지 않는다면 남의 옷을 입는 듯 어색할 뿐 아니라 타인과 구별되는 자신만의 이미지로 보기 어렵기 때문이다.

3. 성공적인 이미지 메이킹 단계

자신의 이미지를 만들어 가는 일은 말처럼 쉽지 않다. 많은 인생의 경험을 거친 중년이라면 시간이 만들어 준 이미지가 있겠지만, 십여 년 넘게 공부만 해 온 대학생에게 당장 자신만의 고유한 이미지를 만드는 일은 어려울 수 있다. 하지만 이는 반대로, 고정된 이미지가 없기 때문에 충분히 수정할 기회가 있다는 의미이기도 하다.

성공적인 이미지 메이킹을 위해서 [그림 10-1]의 단계를 기억하고 자신의 이미지 메이킹에 적용해 보자.

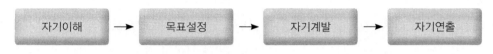

[그림 10-1] 성공적인 이미지 메이킹을 위한 단계

1) 자기이해

자신이 가진 내적 이미지를 외부로 잘 드러내기 위해서 가장 먼저 할 일은 자신에 대해 분명하게 이해하는 것이다. 우리는 앞선 장들에서 대인관계, 성격, 흥미와 적성 등에 대해 살펴보았다. 이를 바탕으로 이 장에서는 현재 자신이 생각하는 자신의 모습에 대한 키워드를 항목별로 적어 보자. 학기 초에 알게 된 자신의 모습과 어떤 차이가 있는지를 비교해 보는 것도 좋다. 알아차림의 대상이 본인이라고 해서 그 일이 절대 쉬운 일이 아니다. 따라서 지속적으로 자신에 대해 관심을 가지고 집중하려는 시간과 노력이 필요하다. 그러기 위해서 조금씩이나마 자신에 대한 정보를 얻어야 하며, 때로는 가족이나 친구들의 도움을 받아보는 것도 좋다. 주관적인 측면에서 "나는 어떤 사람인가?" 그리고 객관적인 측면에서 "타인이 보는 나는 어떤 이미지인가?"에 대한 답을 찾는 과정을 통해 자신의 성격이나 타고난 기질, 재능이나 관심사 등에 대해 분석해 보는 것도 필요하다. 또한 자신에 대한 주관적 이미지보다는 객관적인 이미지를 중심으로 자신의 이미지를 메이킹하는 것도 도움이 된다. 그러기 위해서는 타인의 평가에 귀 기울이고, 수용하려는 태도를 가져야 한다.

자신에 대한 여러 가지 모습 중에서 특별히 계발하고 싶은 영역을 찾고 그 이유를 탐색해 보자. 자기이해를 통해 자신의 내적 이미지를 더욱 가치 있게 만들어서 타인에게 긍정적인 이미지를 심어 주어야 한다.

2) 목표설정

대학생의 이미지 메이킹의 최종목표 중 하나는 취업이다. 따라서 취업하고자 하는 기업이나 업무에 맞는 맞춤형 이미지 메이킹이 필요하다. 이미지 메이킹의 목표를 설정할 때는 다음과 같은 점에 유의하여 목표를 설정하도록 하자.

- 자신이 하고자 하는 직업이나 업무와 관련된 이미지를 목표로 삼는다.
- 현실적으로 실현 가능한 이미지를 목표로 삼는다.
- 자신의 이미지를 중심으로 계발 가능성이 있는 이미지를 목표로 삼는다.

이미지 메이킹의 목표를 설정할 때 가장 편리하게 접근할 수 있는 매체는 TV라 할 수 있다. TV에서는 광고와 드라마 등을 통해 다양한 이미지를 전달하고 있다. 또한 드라마를 통해 특정 직업에 대한 업무와 효율적인 업무 처리를 위한 정보들이 제공되므로 다른 매체보다 다양하고 구체적인 이미지를 찾을 수 있다.

3) 자기계발

이미지 메이킹의 목표가 정해졌다면 목표를 달성할 수 있는 구체적이고 실현 가능한 작업이 필요하다. 예를 들면, 화장, 복장, 머리 모양의 변화 등일 수도 있고, 어휘력이나 표현력, 제스처의 연습과 같은 것일 수도 있다.

캘리포니아 대학교 로스앤젤레스 캠퍼스(UCLA) 심리학과 명예교수인 메라비언(Mehrabian, 1971)의 이론에 따르면, 한 사람이 다른 사람으로부터 받는 이미지의 영향은 시각 55%, 청각 38%, 언어 7%에 이른다. 시각 이미지는 자세, 용모, 복장, 제스처 등이며, 청각은 목소리의 톤이나 음색처럼 언어의 표현과 관련된 부분이고, 언어는 언어의 내용, 즉 전달하는 메시지와 관련된 부분이다. 일반적으로 다른 사람과 관계에서 주고받는 메시지가 중요하다고 생각하지만, 메라비언에 따르면 대화를 통해서 상대방에 대한 호감이나 비호감을 느끼는 데서 상대방이 하는 말의 내용이 차지하는 비중은 7% 정도로 그 영향이 미미하다. 반면, 말을 할 때의 태도나 목소리 등 말의 내용과 직접적인 관계가 없는 요소가 93%를 차지해서 언어의 내용 부분보다는 그 외 부분이 상대방으로부터 받는 이미지를 좌우한다(허은아, 2012).

"첫 인상은 마지막 인상이다."라는 외국의 속담처럼 자신이 가진 이미지는 쉽게 바뀌지도 않을뿐더러 그 지속 시간이 길다. 첫인상에 대해서 미국의 프린스턴 대학교(Princeton University) 심리학 연구팀은 불과 0.1초만에 첫인상이 결정된다는 실험 결과를 내놓기도 했다. 그야말로 찰나의 순간이 사진처럼 그 사람의 이미지를 저장하고 판단하는 것이다.

4) 자기연출

누구나 좋은 이미지를 가지고 싶어 한다. 그러한 생각에 잠겨 간과하기 쉬운 것이 있는데 그것은 바로 진실한 이미지다. 진실한 자신이 표현되지 않은 이미지는 오래 유지되지 않는다. 그리고 아무리 좋은 이미지라 하더라도 자신에게 맞지 않을 때는 다른 사람의 옷을 입은 것처럼 어색하고, 이미지를 유지하는 데 많은 힘이 들어 쉽게 그 이미지를 포기할 수도 있음을 기억해야 한다. 그러다 보면 자신의 실제 이미지에 대한 정체성을 잃어버려 자신에 대한 혼란스러움은 물론이고 타인의 신뢰감을 잃어버리기 쉽다. 따라서 직업이나 직무에 필요한 이미지가 자신의 것으로 완전히 녹아들어 개성과 잘 어우러진 이미지를 연출하는 것이 중요하다.

자! 이제 다음 활동을 통해 자신의 이미지를 브랜드화하기 위한 구체적인 전략을 세워 보자.

Seeing You & Me (라포형성)

• 이번 주 자신의 이미지 메이킹을 위해 노력한 부분이 있다면 무엇인지 간단하게 적고 나눠 봅시다.

Map Finding (목표설정)

• 이 수업을 통해 이루고 싶은 목표를 설정해 봅시다.

나는 이 수업을 통해서,

를(을) 기대한다.

📑 **Investigation (현실점검)**

• 목표 달성을 위해 지금의 나 자신을 점검해 봅시다.

① 현재 자신의 이미지에 대한 만족도는 몇 점인가요?

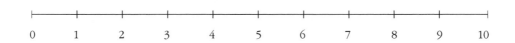

② 자신의 이미지를 잘 표현할 수 있는 단어(키워드)는 무엇인가요?

내가 생각하는 나의 이미지	타인이 알려 주는 나의 이미지

③ 자신이 갖고 싶은 이미지를 가진 인물이 주변에 있다면 누구인가요? 그 인물의 주된 이미지를 키워드로 적어 봅시다(혹시 주변에서 찾기 어렵다면 영화나 드라마 속 인물들 중에서 찾아보세요).

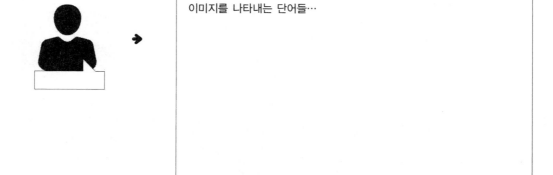

📋 New Planning (대안탐색)

- 자신이 가지고 있는 이미지 중 자신이 원하는 직업/직무와 관련하여 변화되거나 개발되기를 원하는 부분은 무엇입니까? 자신이 희망하는 직업/직무를 중심으로 자신의 현재 이미지와 직업/직무에서 요구하는 이미지를 파악해 봅시다. 예를 들어, 모든 직업/직무에 온화한 이미지가 필요한 것은 아닙니다. 직무의 특성에 따라 때로는 적극적이고 활발한 이미지가 필요하기도 합니다. 그러므로 중요한 것은 자신이 희망하는 직업/직무에 필요한 이미지입니다. 자신이 희망하는 직업/직무에 관한 이미지를 생각해 보고 자신의 이미지에 대해서도 탐색해 봅시다.

희망 직업 (직무)	구분	직업/직무에서 갖추어야 할 이미지	자신이 가진 이미지
	머리 모양		
	표정		
	옷차림		
	말투		
	발음		
	제스처		
	자세		
	성격		
	역량(능력)		

- 위 내용을 바탕으로 자신이 희망하는 이미지를 개발하기 위해 할 수 있는 것들을 모두 적어 봅시다.

- 유사한 직업(직무)을 희망하는 사람들끼리 모여서 자신이 작성한 내용을 발표하고, 자신이 작성한 내용과 다른 사람이 작성한 내용을 비교해 봅시다.

📑 Dropping Obstacle (실행계획)

• 나의 이미지 메이킹을 위해 가장 먼저 해야 하는 일이나 해 보고 싶은 일들 중에 이번 주에 할 수 있는 일은 무엇인가요?

• 그 일을 달성하기 위한 구체적인 실행계획을 점검해 봅시다.

실행계획	

구체적인가(S)	측정 가능한가(M)	달성 가능한가(A)	현실적인가(R)	실행 기간은(T)	합계
0　1　2	0　1　2	0　1　2	0　1　2	0　1　2	

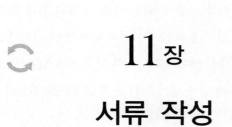

11장
서류 작성

어려운 직업에서 성공하려면 자신을 굳게 믿어야 한다.
이것이 탁월한 재능을 지닌 사람보다 재능은 평범하지만,
강한 투지를 가진 사람이 훨씬 더 성공하는 이유다.

－소피아 로렌

학습목표

• 이력서와 자기소개서 작성법을 익힌다.
• 나만의 개성을 살린 이력서와 자기소개서를 작성할 수 있다.

우리나라 속담에 '산 넘어 산'이라는 말이 있다. 아마 이 말의 원래 뜻은 어떤 일이 갈수록 더 힘이 든다는 의미일 것이다. 그러나 취업이 어차피 넘어야 할 산이라면 산 넘기를 두려워하지 말아야 한다. 더 나아가 하나의 산이라도 넘어야 다음 산을 넘을 수 있다.

이 장에서는 취업이라는 하나의 산을 넘기 위한 준비 작업으로 이력서와 자기소개서 작성법을 살펴보고자 한다.

1. 이력서

이력서는 단순한 서류가 아니라 나를 알리는 또 하나의 수단이다. 다른 사람과 처음 만날 때 첫인상이 중요한 것처럼, 이력서는 자신의 첫인상과 같기 때문에 아주 중요한 서류다. 이력서는 비록 종이에 불과하지만 서류전형의 경쟁률이 점차 치열해지면서 나만의 개성을 드러내는 중요한 역할을 차지하게 되었다.

올바른 이력서 작성은 자신이 지원하고자 하는 기업에 대한 이해가 선행되어야 한다. 인터넷이나 지인 등을 통해 기업에 대한 경영철학이나 비전 등에 대한 기본적인 정보들을 습득하고, 기업에서 모집하는 직무가 나의 적성이나 흥미, 전공이나 경력 등과 관련이 있는지 살펴보고 이력서 작성 여부를 결정하는 것이 좋다. 기업에서 채용하고자 하는 대상이 자신과 적합하다고 판단되면 자신의 현재 여건이나 일정 등을 고려하여 사전에 준비하도록 하며, 제출서류가 여러 가지인 경우 제출 서류 목록표를 작성하여 서류 전형을 준비하도록 한다.

1) 이력서 작성법

자신의 역사를 기록한 이력서는 나의 이미지를 표현하는 하나의 방법이므로 다른 사람들과 차별화된 나 자신을 표현하기 위해 효과적으로 이력서를 작성해야 한다. 그 기업만의 규정양식을 원하는 경우에는 해당 양식에 맞추어 작성하면 되고, 특별한 이력서 양식이 없는 경우에는 자신만의 이력서 양식을 만들어 작성하면 된다. 특히 회사의 업종이 서비스업이거나, 또는 입사 직종이 창의력을 요구하는 기획, 총무, 물류, 무역, 디자인 계통의 경우에는 간혹 제출한 이력서의 양식이나 구성 자체를 업무능력의 판단척도로 심사하기도 한다. 이 경우 가급적 독창적인 이력서를 제출하는 것이 보다 유리하다. 일반적으로 많이 사용하는 이력서의 구성요소를 살펴보면 다음과 같다.

- 성명 및 생년월일
- 응시 부문: 응시 부문을 2~3지망으로 나누어 적도록 되어 있다면 똑같은 업무보다는 다른 업무를 다양하게 적는다.
- 현주소: 주민등록상의 주소를 기재한다. 지방에 소재한 회사의 경우 서류전형 시 출퇴근이 용이한 지역의 지원자를 선발하려는 경향이 있으므로 면접 시에 이에 대한 예상 답변을 준비하는 것이 필요하다.
- 학력사항: 보통 고등학교부터 최종 학력까지 입학과 졸업 연월일을 기재한다. 그러나 최종 학력이 지원 부서와 밀접한 관계가 있는 경우 관련이 있는 최종 학력부터 역순으로 작성하는 것도 무방하다.
- 자격사항: 입사 분야의 직종과 관련이 있는 자격증을 우선하여 기입한다. 자신이 가진 자격증이 여러 개일 경우는 국가자격증, 국가공인자격증, 민간자격증 순으로 기재하면 된다. 단, 정보통신 관련 자격증의 경우 2017년부터 가산점이 폐지되는 경우도 있으므로 가산점의 내용과 기준을 꼼꼼하게 살펴보는 것이 필요하다.
- 경력사항: 업무와 관련된 경력을 위주로 기록하고, 최근의 것부터 기록한다. 아르바이트, 계약직과 같은 단기 일자리라도 입사 분야와 관련이 있는 경우에는 기록한다.
- 특기 및 수상 사항: 많은 내용을 적기보다는 자신을 드러낼 수 있는 부분만 작성하도록 한다. 수상 사항 역시 성적 우수와 관련된 내용보다는 자신의 특기와 관련된 수상 사항을 기록한다.
- 증명사진: 예쁘고 잘생기게 나온 것보다는 단정하고 신뢰감 있는 느낌의 사진이 더 적절하다. 따라서 최근의 사진으로 계절에 맞는 복장으로 찍은 사진이 취업을 준비하고 있다는 느낌을 준다.

이력서 담당자는 무척 많은 이력서를 읽는다는 것을 잊지 말아야 한다. 증명사진이 빠져 있거나 특정 부분에 내용이 누락되어 있으면 제대로 준비가 되어 있지 않다고 생각되어 아예

읽지 않을 수도 있다는 것을 기억해야 한다. 그리고 이력서를 작성할 때는 맞춤법에 맞게 작성하고, 적절한 어휘 선택을 하여 불필요한 이유로 감점이 되거나 부정적인 인상을 주지 않도록 해야 한다. 그리고 취업을 준비하는 동안에는 아르바이트나 직장 체험, 연수 경험과 같이 이력서에 보충하거나 수정할 내용이 생길 때마다 수시로 보완하며 정리하는 습관을 가지는 것이 필요하다.

2) 이력서 작성 시 고려사항

이전에 이력서는 단순한 정보를 나열하는 형식이었으나 최근의 자유형 이력서는 정보의 나열보다는 정보의 구체성에 초점을 두고 있다. 따라서 자신에게 중요한 부분들을 구체적으로 강조하는 것이 필요하다. 예를 들면, 여학생의 경우 정해진 틀에 따라 병역란을 만들어서 비워 두기보다 자신에게 유용한 정보를 기록하여 또 다른 정보를 제공할 수 있다. 또한 자신의 이력 중 긍정적인 부분들은 글자를 굵게 하거나 색깔을 달리해서 자신을 좀 더 적극적으로 알릴 수도 있다. 그 밖에 이력서를 작성할 때 고려사항은 다음과 같다.

- 이력서는 오타가 없도록 하며, 약어(유행하는 줄임말)는 사용하지 않는다.
- 이력서에 빈 칸을 남겨 두지 않는다.
- 이력서의 내용은 가능한 한 한눈에 볼 수 있도록 한 페이지 내로 작성하고, 만약 내용이 많아 한 페이지를 넘길 경우 쪽 번호를 기록한다.
- 증명사진은 휴대폰을 이용하여 찍은 사진보다 사진관에서 촬영한 사진을 사용하도록 한다.
- 최근 온라인으로 이력서를 제출하는 기업들이 늘어나는 추세다. 그렇다 보니 취업준비생들이 하나로 만들어 놓은 이력서를 여기저기 제출하면서 기업명이나 기업에서 요구하는 중요한 정보를 빠뜨리는 경우가 많으므로 제출하는 기업에 따라 다른 파일명으로 저장하여 실수를 줄인다.
- 해당 직무와 관련이 없는 자격증 기재는 불필요하며, 경제적으로 부담이 되거나 위험성이 따르는 취미, 시간을 많이 요하는 취미 등은 기록하지 않는 것이 좋다.
- 이력서를 취업사이트에 등록할 경우 가능하면 자신의 이력서가 많은 키워드에 의해 검

색되도록 하고, 파일의 제목에 자신의 개성을 담는 것도 좋다.

2. 자기소개서

기업의 채용 담당자가 자기소개서 한 부를 검토하는 시간이 평균 2분 52초로 집계되어 3분 내외로 서류전형 당락이 결정되는 것으로 조사되었다. 좋은 자기소개서를 작성하기 위해서는 식상하고 틀에 박힌 표현 대신에 적극적이고 도전적인 표현을 사용해야 하고, 특히 사회 경험과 경력사항에 대해 작성할 때는 자신의 경험에 근거한 에피소드 위주의 진솔한 내용을 쓸 수 있도록 신중을 기해야 한다.

⚙ 호감형 문장

1. '~했지만 ~을 통해 극복했습니다.'
2. '책임감을 갖고 있기 때문에'
3. '항상 웃음을 잃지 않고 긍정적으로~'
4. '(이 회사, 직무)에 지원하기 위해 ~준비를 했습니다.'
5. '몇 년 후 ~분야에서 전문가가 되고 싶습니다.'

호감형 문장들은 과거 자신의 어려움을 어떻게 극복했는지, 어려움을 극복할 수 있었던 힘은 무엇이었는지, 현재 자신의 직업과 직무를 위해 무엇을 준비했는지, 미래 어떤 비전을 가지고 있는지에 대한 구체적이고 연관성 있는 내용들이 더 적절하다.

⚙ 비호감형 문장

1. '엄격하신 아버지와 자상한 어머니 사이에서 태어나~'
2. '학창시절 결석 한 번 없이 성실하게 생활하였으며'
3. '귀사'라는 단어가 반복되는 문장
4. '저는, 나는'으로 시작되는 문장 반복

> 5. '솔직히 말씀드리면'
> 6. '뽑아만 주신다면 무슨 일이든 하겠습니다.'
> 7. '귀사를 통해 발전하도록 하겠습니다.'

비호감형인 문장들 중 1, 2번 문장은 자신만의 개성이 드러나지 않고, 과거 자신에 대한 이야기로 현재 어떤 업무를 처리할 능력이 준비되어 있는지에 대한 정보를 주지 못한다. 3, 4번 문장은 의미 없이 반복되어 지루하고 획일적인 느낌이 든다. 5번과 같은 문장은 다른 이야기에서는 솔직하게 말하지 않았나 하는 의구심이 생기며 지원자의 신뢰성을 떨어뜨리게 한다. 6번 문장은 자신의 능력과 특성을 충분히 전달하지 못하는 한계를 드러내며, 7번 문장은 회사를 성장시키기를 바라는 입장에서는 반갑지 않은 표현이다.

> ⚙ **서류전형 합격 여부에 가장 큰 영향을 주는 자기소개서 항목**
>
> 1. 사회 경험 및 경력사항
> 2. 입사 동기 및 포부
> 3. 성장과정
> 4. 생활신조
> 5. 성격의 장단점
> 6. 학창 시절

1) 자기소개서 작성법

기업의 채용 담당자는 하루에도 몇 백 장의 유사한 글들을 읽게 된다. 다른 것과 차별되지 않은 그렇고 그런 자기소개서는 더 이상 매력적이지 않다. 그래서 자기소개에도 자신만의 색깔을 입혀야 한다.

그러기 위해서는 첫째, 자기소개서의 처음 10줄에 담당자가 더 읽고 싶어하도록 정성을 기울여 적어야 한다. 우리가 드라마나 영화를 볼 때 첫 회를 보고 이 드라마나 영화가 얼마나 흥미로운지 그 후에 어떤 내용들이 펼쳐질지 궁금해하는 것처럼, 뻔한 자기소개서들 가운데서 자신의 것을 더 읽고 싶은 마음이 들도록 앞부분에 정성을 들여야 한다. 그렇다고 해서 과장되거나 허위로 내용을 기록해서는 안 되며, 자신에 관한 이야기를 진솔하게 적어 나가야 한다.

둘째, 자기소개서 항목마다 소제목을 적는다. 자기소개서에 포함된 내용을 짧은 문장으로 제목을 달아 주면 내용에 대한 이해가 증가할 수 있다. 그리고 짧은 문장이 하나의 이미지로 형성되어 자기소개서를 다 읽고 나면 작성한 사람에 대한 몇 개의 이미지가 만들어져 작성자에 대해 좀 더 선명하고 친근한 이미지를 형성하기도 한다.

셋째, 자기소개서는 간결해야 한다. 문장이나 글이 지나치게 길면 그 사람에 대한 정보들이 뒤죽박죽되어 선명한 인상을 그리기 어렵다. 또 이것저것 불필요한 말들이나 같은 이야기들을 늘어놓느라 핵심적인 내용을 빼먹거나 적게 기록한다면 자기소개서를 작성하는 의미가 없다. 그래서 자기소개서는 두괄식으로 적어 전달하고자 하는 내용을 명확하고 간결하게 전달하는 것이 좋다. 그리고 기승전결에 따른 구성을 통해 짜임새 있고 일관성 있는 표현을 통해 정리된 자신을 표현하도록 한다.

넷째, 자신의 장점, 관심 분야, 경력 개발 계획 등 자기소개서의 중요 부분은 개성 있는 표현으로 관심을 끌어야 한다. 자기소개서의 중요한 부분을 차지하는 내용들은 이력서를 통해 드러날 수도 있지만, 반드시 자기소개서를 통해 다시 한 번 강조하도록 한다. 뿐만 아니라 비록 자기소개서라 하더라도 자신의 이야기만 기록하는 것이 아니라 지원하는 기업에 대해서도 언급하여 제출자가 지원하는 기업에 대해 관심을 가지고 있으며, 자신과 기업이 서로 일치하는 부분들이 있음을 드러내도록 한다.

다섯째, 각 영역들을 기록할 때는 단순히 가정환경, 성격, 경력 등을 나누어 작성하기보다 각 영역이나 내용별로 격언이나 속담 등으로 특징적인 제목을 정하여 내용을 강조하거나 흥미를 유발하도록 한다.

여섯째, 자기소개서는 기업에 취업을 희망하는 나의 글이지만, 그 속에는 자신에 대한 이야기만 나열하는 것이 아니라 취업 담당자의 입장에서 그가 듣고 싶은 이야기를 적어 놓아야 한다. 예를 들면, 서류를 제출하는 해당 직무에서 어떻게 직무역량을 펼쳐 나갈 것인지에 대해서 해당 직무에 대한 이해를 기반으로 자신이 회사에 기여할 바를 구체적으로 기술해야 한다. 즉, 기업이 왜 자신을 선택해야 하는지에 대한 이유를 분명하게 피력해야 한다. 그러기 위해서는 인터넷이나 현재 근무하는 지인들의 조언 등을 통해 기업에서 원하는 인재상에 대한 핵심적인 가치를 분석하는 것이 필요하다.

2) 자기소개서 작성 과정

　지원자들이 자기소개서 작성을 어려워하는 이유는 매우 다양하다. 일반적으로 자기소개서 작성에 대해 배워 본 경험이 없어서 어떤 내용으로 자기소개서를 구성해야 할지 막막하게 여긴다. 그리고 자기소개서를 작성한 경험이 있다고 하더라도 이번에 희망하는 업무와 자신의 경험을 연결하는 부분에서 어려움을 겪기도 한다. 그러나 기억해야 할 것은 자기소개서는 지원자 자신의 이야기를 드러내는 것이므로 지나치게 회사의 입장에 맞추어서 작성하다 보면 자신의 개성을 상실하기 쉽다는 것이다. 나의 개성을 살리면서 회사가 요구하는 내용을 담기 위해 [그림 11-1]을 참고하여 자기소개서를 작성하는 활동을 해 보자.

과정	내용	방법
기업 이해	-지원 회사의 인재상 -요구하는 직무역량 -지원하고자 하는 직무	-회사 홈페이지 -뉴스 기사 검색 -지인을 통해 회사 직원 미팅
자기이해	-자신의 인생사 정리 -주요 경력 선별	-고등학교 때부터 현재까지 자신의 경력을 시간 순으로 나열 -중요한 의미를 가진 경력이나 사건 선별 -동아리, 봉사활동, 연수, 연구 활동, 아르바이트 등 중요한 테마 중심으로 구조화
기업과 자기 연결	-기업의 요구 역량과 자신의 경력을 연결	-기업이 요구하는 업무에 맞는 자신의 경험이나 경력을 선별 -기업의 요구 역량과 자신의 경력이 일치하는 내용을 선별
자기소개서 항목 선정 및 작성	-기업에서 요구하는 자기소개서 내용에 따라 항목 선정 -초안 작성	-가족 소개, 성격의 장단점, 사회 경력 등 기업에서 요구하는 자기소개서 항목에 맞게 내용 정리 -자기소개서 초안 작성
수정 및 제출	-타인의 피드백 반영 -수정 -제출	-가족이나 친구 등에게 자기소개서 보여 주기 -본인 검토 -타인과 자신의 의견을 바탕으로 보완 및 수정 -제출 후 사본 또는 파일 보관

[그림 11-1] 자기소개서 작성 과정

📄 **Seeing You & Me (라포형성)**

- 이력서나 자기소개서를 작성한 경험이 있다면 언제였으며, 그때 깨달은 점을 간단하게 적고 나눠 봅시다.

📄 **Map Finding (목표설정)**

- 이 수업을 통해 이루고 싶은 목표를 설정해 봅시다.

나는 이 수업을 통해서,

를(을) 기대한다.

📋 Investigation (현실점검)

• 목표 달성을 위해 지금의 나 자신을 점검해 봅시다.

① 현재 자신의 이력서에 대한 준비도는 몇 점인가요?

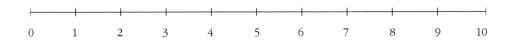

② 현재 자신의 자기소개서에 대한 준비도는 몇 점인가요?

📋 New Planning (대안탐색)

• 이력서 작성에 필요한 다양한 정보를 수집하여 정리해 봅시다.

① 이력서 작성을 위해 지원처에 대한 다양한 정보를 찾아봅시다.

구분	정보	찾은 정보
지원처	기업명	
모집 부문	모집 부문	
	모집 분야	
	모집 인원	
자격 조건	학력	
	병역관련 사항	
	우대사항/결격사항	
	자격증 등	
전형 정보	접수 방법	
	접수 기간	
	지원서 양식	
	전형 절차	
제출 서류	서류 종류	
기타	담당자 연락처	
	서류 제출처	

② 수집한 정보를 바탕으로 이력서를 작성해 봅시다.

사진 (최근 3개월 이내)	인적 사항	한 글		주민번호	
		한 자		병역사항	군필 · 면제 · 미필 · 해당 없음
		영 문		병역계급	군필 · 면제 · 미필
	주 소				
	연락처	이메일		희망업무	
		연락 가능 번호		희망연봉	

학력 사항	년/월/일	학교명	전공	학점	졸업구분
	~	고등학교			
	~	대학교		/	
	~	대학원		/	

활동 사항	년/월/일	관련 내용	비고
	~		
	~		

프로젝트 수행 내역	수행 내역	수행 기간

자격증명	급수	취득일	기관

위 입사지원서상의 기재사항은 사실과 다름이 없습니다.

20 . . .

작성자   (인)

③ 작성한 이력서를 서로 바꾸어 살펴보면서 장단점을 중심으로 피드백해 봅시다.

구분	잘된 점	보완할 점
피드백받은 내용		
타인의 이력서에서 도움받은 내용		

④ 자기소개서에 포함될 내용을 정리해 봅시다.

구분	들어갈 내용
성장과정	
성격의 장단점	
학창시절의 경험	
사회 경험 및 경력	
입사동기 및 포부	
기업 비전과 자신과의 관련성	
기타	

📄 Dropping Obstacle (실행계획)

• 이력서와 자기소개서 작성을 위해 이번 주에 할 수 있는 일은 무엇인가요?

• 그 일을 달성하기 위한 구체적인 실행계획을 점검해 봅시다.

실행계획					
구체적인가(S)	측정 가능한가(M)	달성 가능한가(A)	현실적인가(R)	실행 기간은(T)	합계
0 1 2	0 1 2	0 1 2	0 1 2	0 1 2	

※ 차시 안내: 다음 시간은 모의면접에 대한 수업으로 진행되므로 면접을 위한 복장을 준비하여 모의 면접에 참여할 수 있도록 합니다.

자기소개서

지원자:

1. 성장과정 및 특이사항

2. 성격 및 생활신조, 장단점

3. 학창시절 및 나의 경력

4. 성적, 자격증, 사회봉사

5. 자기계발 계획 및 미래 비전

6. 나를 한 문장으로 표현하면

12장
면접과 커뮤니케이션 스피치

바람이 불지 않을때
바람개비를 돌리는 방법은
앞으로 달려나가는 것이다.

－카네기

학습목표

• 다양한 면접시험의 종류와 방법에 대해 이해하고, 자신의 면접 준비전략을 수립한다.

• 3분 스피치를 통해 직접 스피치를 실행해 보고 자신의 스피치 능력을 점검한다.

사람들이 면접을 부담스럽게 생각하는 이유는 그 과정이 정답을 알 수 없는 평가이기 때문이다. 면접을 볼 때 동일한 질문에 대한 동일한 대답이라도 면접관에 따라 다르게 인식될 수 있다. 예를 들면, "어떤 일이든 맡겨만 주신다면 열심히 하겠습니다."라는 대답에 A면접관은 열정적이라며 긍정적인 평가를 할 수도 있지만, B면접관은 형식적이고 평범한 대답이라고 평가할 수도 있기 때문이다. 이 장에서는 효율적인 면접 방식과 커뮤니케이션 스피치에 대하여 살펴보겠다.

1. 면접의 의미

1) 면접의 역할과 중요성

면접이란 서류전형과 필기시험이 끝난 후 최종적으로 응시자의 지식, 태도, 인성, 가치관을 알아보는 면대면 구술시험을 말한다. 기업의 일반적인 채용 절차는 서류전형, 필기시험, 면접시험과 신체검사의 순으로 이루어진다. 서류전형이나 필기시험으로 지원자의 기초 실력은 확인할 수 있으나 그것만으로는 지원자에 대한 세부적인 내용을 알 수 없다. 그렇기 때문에 면접은 기업 입장에서는 지원자의 잠재적인 능력이나 업무 추진력, 창의적 사고력 등 지원자에 대한 전반적인 능력을 확인할 수 있는 기회이며, 지원자 입장에서는 자신의 재능을 전면적으로 보여 줄 수 있는 기회다. 따라서 입사 절차 중 가장 비중 있고 중요한 것이 면접시험이다.

기업들이 면접시험을 통해서 파악하고자 하는 지원자의 특성을 정리해 보면 다음과 같다.

- 팀워크와 리더십
- 직무에 대한 전문지식과 스킬
- 언어능력과 창의성
- 적극성과 진취성

최근 들어 지원자들의 객관적인 능력이 지속적으로 향상되면서 채용 시험에서 변별력이 문제가 되고 있다. 따라서 채용 절차 중 면접의 영향력이 점차 확대되고 있다. 기업은 면접의 변별력을 높이기 위해 까다롭고 다양한 유형의 면접시험 방식을 고안해 기업에 적합한 인재를 선발하고 있다.

2) 면접의 평가 요소와 유형

어느 기업이든지 심신이 건강하고, 인품이 원만하며, 학식과 경험이 풍부할 뿐 아니라 일에 대한 열정과 열의가 있는 사람을 원한다. 면접관들은 이러한 부분을 확인할 수 있도록 면접의 평가 요소들을 마련한다.

(1) 건강한 심신

기업은 여러 사람이 함께 어울려 직무를 수행하는 곳이므로 다른 사람들에게 혐오감이나 불쾌감을 주지 않아야 한다. 구체적으로 살펴보면 지원자의 건강상태, 용모, 자세 등이다.

(2) 풍부한 학식

빠르고 정확한 업무수행을 위해서 기업은 일반적인 상식뿐만 아니라 직무에 대한 학식과 지식의 정도와 능력들을 파악하게 된다. 구체적인 내용은 일반상식, 전공지식, 이해력, 표현력 등이다.

(3) 일에 대한 열정과 열의

일에 대한 열정과 열의는 일에 대한 동기를 부여하고, 그 일에 집중하게 한다. 더불어 주변 사람들에게 열정을 전달하게 된다. 기업은 일을 해결할 능력, 체계적인 업무관리도 중요하겠지만, 일의 성패와 어려움을 극복할 열정있는 사람을 필요로한다.

3) 성공적인 면접을 위한 전략

면접은 짧은 시간 동안 자신의 외모와 목소리로 자신을 전달하고, 자기소개라는 스피치를 통해 자신이 해당 업무를 잘 할 수 있는 사람임을 밝히는 과정이다. 면접관은 수많은 면접자를 만나는데, 면접자들 대부분은 비슷한 옷과 머리 모양으로 면접관을 만나고, 비슷한 스펙을 가지고 면접에 임한다. 따라서 그들과의 차이점 또는 자신만의 매력을 면접관들에게 전달하고, 평소 자신의 능력과 취업에 대한 열정을 정확하게 전달하는 것이 최선의 방법이다. 면접의 일반적인 과정과 주의사항을 점검해 보면 다음과 같다.

(1) 면접 1일 전까지 연습하라

면접 회사에 대한 정보를 최대한 수집하고 예상 면접사항을 다시 한 번 확인한 후 다음날 최상의 컨디션을 유지하도록 노력한다. 같은 직종이나 회사를 지원하는 인터넷 동호회 카페를 통해 최신 면접 경향이나 회사 정보를 점검하고 모범 답안을 적어 연습한다.

(2) 면접날 아침에 뉴스를 보며 하루를 시작하라

일찍 일어나 인터넷을 통해 정치, 사회에서 이슈가 되는 뉴스를 살펴보고 옷과 서류 수험표 등의 면접 준비를 마친다.

(3) 면접 대기시간부터 면접은 시작된다

대기실에서는 긴장을 풀고 침착하고 바른 자세로 기다린다. 회사에 따라 대기실에 CCTV를 설치하여 면접자의 자세를 지켜보는 경우도 있으므로 회사에 도착하는 순간부터 암묵적인 면접이 시작되었다고 생각해야 한다.

(4) 면접이 시작되면 온몸으로 자신을 표현하라

면접장은 폐쇄되어 있는 경우가 대부분이므로 면접실 앞에서 가볍게 노크를 두 번 하고 담당 직원의 안내에 따라 행동하면 된다.

면접실에 들어가서 정해진 자리에 정자세로 바르게 앉고 시선은 중앙을 바라보며 표정이 경직되지 않도록 유의한다. 긴장되거나 불안하다고 해서 다리를 꼬고 앉거나 떠는 등의 행동은 무례해 보이거나 자신감이 없어 보일 수도 있으므로 주의한다.

(5) 자기소개는 설명보다 스토리텔링이다

자기소개는 남들이 다하는 뻔한 이야기가 아니라 자신이 어떤 사람인지를 정확하게 설명하는 데 초점을 둔 자신만의 스토리텔링이다. 자신의 성장과정이나 스펙이 너무 평범하고 다른 사람과 차별성이 없어서 스토리텔링을 할 것이 없다고 할 수 있지만, 스토리텔링이란 자신이 경험한 즐겁거나 행복했던 일, 슬프거나 속상한 일들을 드러내는 것이다. '구슬이 서 말이라도 꿰어야 보배'인 것처럼 자신의 삶이라는 구슬을 그대로 두는 것이 아니라 스토리 안에 넣어서 보배로 만드는 것이다. 예를 들면, 과제 활동을 한 경험을 이야기하면서 자신이 어떤 과제를 맡았을 때는 강한 책임감을 드러낸다든가, 어떤 활동을 할 때는 밤을 새는 것이 두렵지 않을 만큼 일을 즐긴다는 결론으로 도출되도록 이야기의 맥을 연결하는 것이다.

(6) 자신감을 가지고 질문에 응답하라

자신의 음성이 면접관에게 분명히 들릴 수 있도록 크고 분명하고 정확하며 자신감 있게 대답한다. 면접관의 질문에 빨리 대답해야 한다는 생각에 준비되지 않은 답변을 하기보다 자신의 의견을 정리해서 2~3초 정도 시간을 두고 답변을 하는 것이 좋다. 질문의 내용을 잘 모를 때는 적당히 대답하기보다는 질문 내용을 확인하고 대답하는 용기를 갖도록 한다. 이때 지나치게 유행어를 많이 사용하거나 줄임말을 사용하면 전달하는 메시지가 가볍게 여겨질 수 있다. 또한 '~인 것 같아요' '~이지 않을까요' 등의 말은 주관이 뚜렷해 보이지 않고 자신감도 없어보이므로 '~인 것 같습니다' 또는 '~이라고 생각합니다' 등의 표현으로 정확하게 전달하도록 한다.

4) 면접 시 주의점

평가가 이루어지는 시간이나 장소가 편한 사람은 아무도 없다. 그리고 그 평가가 자신의 미래와 연관이 있다면 그 자리는 누구에게나 부담스러울 수밖에 없다. 그러므로 사전에 철저한 준비와 더불어 현장에서 최대한 실수를 하지 않도록 하는 것이 필요하다.

먼저, 지원 동기를 분명하게 준비한다. 자기소개서나 이력서를 작성할 때 수집한 기업 정보를 바탕으로 기업과 업무에 대한 지원 동기를 분명하게 하도록 한다. 만약 지원 동기가 분명하지 않다면, 면접관은 지원자의 지원 동기에 대한 명확함이 없다고 생각하며, 이를 기업과 업무에 대한 열정이 없다고 연결하여 생각할 수 있다. 뿐만 아니라 지원 동기가 분명하지 않은 사람은 경험 삼아 지원을 했다는 인상을 줄 수 있으므로 반드시 이를 명확하게 정리하는 것이 좋다.

그렇다고 해서 미리 예상 질문에 대한 답을 외워서 기계처럼 응답하거나 면접관의 마음에 들기 위해서 이야기를 꾸며서 한다면 그것은 무척 부자연스럽고 어색하게 느껴질 것이다. 이러한 점을 예방하기 위해서는 예상 질문에 대한 답을 간단하게 준비하는 것이 좋다. 자기소개 같은 경우도 1분 내외로 준비해서 간결하고 효과적으로 자신을 전달하도록 한다. 지루하게 시간을 채우는 대답보다는 질문에 대한 내용을 분명하게 정리해서 전달하는 것이 면접관에게 강렬한 인상을 줄 수 있으며, 면접관의 다른 질문을 받을 기회를 늘릴 수 있다.

다음으로, 미처 준비하지 못한 질문이 나왔다고 해서 질문과 상관없는 대답을 횡설수설하거나 같은 말을 중언부언해서 시간을 채우는 것도 곤란하다. 대답이 길어지면 면접관은 지원자에 대한 관심이 떨어지고, 대답에 대한 집중력도 떨어지므로 지원자에게 유리한 것이 하나도 없다. 이럴 때는 도리어 솔직하게 자신이 잘 모르는 부분을 인정하면서 앞으로 알아보겠다거나 지금은 모르지만 반드시 알아보기 위해 노력하겠다는 답변이 솔직함이나 패기를 보여 줄 수 있다.

취업포털 사이트 잡코리아의 조사(2013)에 따르면, 면접관을 당혹스럽게 만드는 지원자로 입사 의지가 없어 보이는 지원자, 소극적인 지원자, 자기소개서에 쓰인 내용과 다른 이야기를 하거나 이력서 사진과 실제 모습이 다른 지원자, 너무 당당하거나 도전적인 지원자 등이었다. 반대로 조용히 앉아 자신의 차례를 기다리는 지원자, 모르는 질문이라도 최대한 성실하게 대답하는 지원자, 회사에 꼭 입사하고 싶다는 의지를 밝히는 지원자에게 호감을 느낀다고 면접관은 답했다. 특히, 스펙이 좋지 않아도 뽑고 싶은 유형은 긍정적이어서 보는 사람도 생기 넘치게 만드는 지원자와 성실감과 책임감이 있어 보이는 지원자가 꼽혔다. 면접은 자신이 가지고 있는 에너지는 표현할 수 있는 기회다. 따라서 해당 직무를 잘 처리할 수 있다는 가능성을 보여 주는 것이 중요하다.

2. 커뮤니케이션 스피치의 의미

1) 커뮤니케이션의 중요성

커뮤니케이션(communication)은 '공통되는(common)' 혹은 '공유한다(share)'라는 뜻의 'communis'에서 유래된 말이다. 어원에서 알 수 있듯이, 커뮤니케이션은 혼자서는 할 수 없는 것으로 누군가와 함께 하는 것임을 의미한다. 실제로 커뮤니케이션이 일어나지 않는 가족이나 친구, 학교, 직장은 상상하기 어렵다. 이처럼 커뮤니케이션은 사회적 존재인 인간에게는 매우 중요한 것이다.

사람들은 커뮤니케이션을 통해 생각과 감정을 전달할 때 가장 기본적으로 음성언어를 통해 전달하지만, 표정이나 눈빛, 목소리나 손짓을 통해서도 생각이나 감정을 전달할 수 있다. 갓 태어난 아기가 배가 고프다 혹은 누운 자리가 불편하다는 정보를 전달하기 위해 얼굴을 찡그리거나 울음을 터뜨리는 것도 커뮤니케이션이다. 아이의 정보를 알아차린 부모는 아이에게 적절한 조치를 취할 것이다. 이것은 커뮤니케이션이 어느 한쪽의 일방적인 정보 제공이 아니라 두 사람 이상이 만들어 낸 소통의 과정임을 의미한다. 다음의 질문에 대한 대답을 생각하며 자신의 커뮤니케이션 방식에 대해 생각해 보자.

- 나는 다른 사람 앞에 설 때 어떤 마음이 먼저 드는가?
- 나의 커뮤니케이션 방식은 어떤가?
- 나는 주로 말을 하는 사람인가? 듣는 사람인가?

2) 커뮤니케이션의 구성 요소

앞서 말한 것처럼 커뮤니케이션은 혼자서는 할 수 없는 소통의 과정이다. 마치 탁구나 배드민턴처럼 양쪽에 서 있는 선수가 라켓을 이용하여 공을 주고받는 것처럼, 커뮤니케이션에 참여하는 사람들은 꾸준히 서로 주고받는 과정을 거쳐야 한다. 이때 주고받는 것은 정보일 수도, 감정일 수도 있다. 커뮤니케이션을 구성하는 요소들을 구체적으로 살펴보자.

(1) 말하는 이와 듣는 이

커뮤니케이션이 일어나기 위해 반드시 갖추어야 할 요소다. 만약 두 사람이 서로 대화를 주고받는다면 각자의 역할이 말하는 사람 혹은 듣는 사람으로 명확하게 결정된 것이 아니라 두 사람 모두 때로는 말하는 사람 때로는 듣는 사람이 될 수 있다. 그리고 서로 대화를 주고받을 때 말하는 사람이 아무리 열심히 말을 하더라도 듣는 사람이 참여하지 않는다면 그 커뮤니케이션 과정은 의미가 사라진다. 따라서 커뮤니케이션은 서로 협동적이고 참여적인 상호작용 과정이라고 할 수 있다.

(2) 메시지

커뮤니케이션에 두 사람이 협동적으로 참여한다면, 이 두 사람 사이에 오고가는 내용을 메시지라고 한다. 앞서 비유한 탁구나 배드민턴에서 두 사람이 주고받는 공과 같은 것이다. 대부분의 메시지는 음성적인 언어를 통해 전달되지만, 비음성적인 메시지 역시 내용을 만들어 전달하는 효과가 있다. 서로 대화를 하며 주고받는 눈맞춤은 전달하고자 하는 내용에 진심과 자신감이라는 메시지를 더할 수 있다. 또 대화상의 서로의 목소리가 밝고 활기차다면 전달하고자 하는 내용에 확신과 기대가 있음을 더하여 전달할 수 있다. 주고받는 대화에 맞는 적절한 손동작이 포함된다면 내용을 좀 더 설득력 있게 전달할 수 있을 것이다.

(3) 피드백

피드백(feedback)이란 말하는 이와 듣는 이가 서로에게 주는 반응을 의미한다. 말하는 사람이 메시지를 전달할 때 듣는 사람이 눈을 맞추어 주거나 진지한 이야기를 할 때 고개를 끄덕이며 알아차려 주는 것도 여기에 해당한다. 이러한 피드백은 실제 커뮤니케이션에서 생략해도 가능하지만, 적절한 피드백은 더 진솔하고 활발한 커뮤니케이션이 이루어지도록 도와준다. 비록 짧은 눈맞춤이나 고개 끄덕임이지만 이러한 피드백은 '내가 당신의 이야기에 집중해서 듣고 있다.'는 메시지를 말하는 이에게 전달할 수 있다.

(4) 방해물

방해물은 말 그대로 커뮤니케이션을 방해하는 요소다. 때로는 커뮤니케이션을 하는 장소가 방해물이 될 수 있고, 커뮤니케이션에 참여하지 않는 다른 사람이 방해물이 될 수 있다.

때로는 대화를 주고받는 두 사람의 마음이 커뮤니케이션의 방해물이 될 수 있다. 다양한 방해물 중에서도 가장 크고, 심각한 방해를 하는 것은 마음이다. 자신의 생각이 확실히 맞다고 생각하는 사람이 상대방의 말에 귀를 기울이지 않는 것, 상대방이 어리다고 얕잡아 보고 그 말에 가치를 두지 않는 것 모두 심리적인 방해물이 있는 경우다. 말하는 사람도 마찬가지인데, 상대방을 지나치게 의식해서 횡설수설하거나 대화에 의미를 두지 못하고 주제와 다른 이야기를 하는 경우다. 많은 사람이 커뮤니케이션에 참여하지만 성공하지 못하는 대부분의 이유가 여기에 있다. 커뮤니케이션이 일어나는 현장에 몸은 있지만 마음이 없기 때문이다.

3) 스피치

스피치는 우리말로 화법을 일컫는다. 넓은 의미로는 연설, 토론, 토의 등과 같은 말하기에 쓰이는 일반적이며 특수한 모든 방법이다. 스피치는 화자가 자신의 의견이나 주장을 청자에게 가장 정확하게 그리고 효율적으로 전달하는 데 그 목적이 있다.

(1) 스피치의 기본 원칙
- 감정을 담아 표현한다.
- 이해하기 쉽고, 듣기 편한 바른 말을 사용한다.
- 정확하게 발음한다.
- 사실과 함께 감정도 표현한다.
- 자신감 있고 자연스러운 태도로 말한다.

(2) 스피치 연습
- 진심을 담아 말하는 연습을 한다.
- 스피치에 방해가 되는 자신의 문제를 점검한다.
- 평소 쉽게 만날 수 있는 부모, 교사를 대상으로 연습한다.
- 다른 사람 앞에서 말하는 것은 두렵고 떨리는 일이 맞다. 그 떨림을 인정하자.

(3) 스피치 시 주의사항

- 상투적인 말을 사용하지 마라.
- 아무런 흥미도 느낄 수 없는 문구를 반복하지 마라.
- 화제나 논점을 마치 설교하듯 선언하는 것을 피하라.
- 준비가 부실하다는 변명의 말로 시작하지 마라.

⚙️ **나의 3분 스피치의 개요를 작성하기**

- 면접에 잘 나오는 질문을 중심으로 3분 스피치를 작성해 봅시다.
  예) – 자신소개
    – 본인 성격의 단점
    – 나에 대한 타인의 평가
    – 취업을 위해 준비한 사항
    – 직업에 관한 모델과 그 이유

---

3. 면접의 종류와 커뮤니케이션

1) 인성면접

인성면접은 3~5명의 면접관들이 지원자의 직무역량과 더불어 기본적인 인성과 태도를 평가하는 면접의 형태다. 인성면접을 통해 면접관은 지원자의 자기소개나 가족관계처럼 평이하고 일반적인 질문부터 지원자가 다른 지원자와 구별되는 차이점 등까지 다양하게 질문한다. 최근에는 이러한 질문 외에 페르미 추정(Fermi Estimate) 면접도 자주 이루어지는데, 페르미 추정 면접이란 대략적인 근사치를 추정해 내는 것이다. 예를 들면, "한강에는 몇 마리의 물고기가 살고 있는가?" "당신이 사는 도시에 80세 이상의 어르신은 몇 명인가?" 등의 질문이 그 예다. 면접에서 페르미 추정 질문을 하는 이유는 지원자가 정확한 정답을 알고 있는지를 확인하려는 것이 아니라 지원자가 문제를 해결하려는 의지를 가지고 있는지, 그리고 지원자의 답을 추출해 내는 과정이 논리적인지를 평가하려는 것이다. 면접관은 일반적으로 지원자에게 페르미 추정 질문을 던져 놓고, 질문을 처음 받았을 때 지원자의 얼굴표정과 반응, 문제를 해결해 가는 논리성, 최종 답의 도출 유무 등을 통해 지원자에 대한 점수를 결정한다.

최근 들어, 이러한 질문이 증가하는 것은 사회의 지식에 대한 기준과 기업의 인재상이 변화했기 때문이다. 즉, 현시대의 기업이 원하는 인재는 사회적인 지식의 양이나 기억력이 우수한 인재가 아니라 빠르게 변화하는 사회 속에서 신속하고 적절한 의사결정과 문제해결을 할 수 있는 존재로, 이러한 능력이 현대 사회에서 중요하게 요구되고 있기 때문이다.

2) 토론면접

최근에 많이 활용되는 면접 방법 중 하나가 토론면접이다. 토론면접은 6~12명의 사람들이 함께 합동면접에 참여하는 것이다. 토론의 주제는 사회적으로 이슈가 되는 문제를 주제로 선정하는 경우가 많다. 예를 들면, 무상급식이나 사회복지 관련 문제 등에 대한 내용들이 토론 주제로 선정되기도 한다. 따라서 평소에 신문이나 뉴스의 기사나 사설 등을 자주 접하면서 사회적 이슈에 대한 이해와 안목을 가지도록 노력하는 것이 필요하다. 일반적으로 기업의 특성상 많은 회의를 통해 의사결정의 과정을 거치게 되는데, 이때 서로의 의견을 존중하면서 가장 합리적인 의사결정을 내리기 위해 노력한다. 이러한 의사결정과 협의의 과정을 면접을 통해 경험하게 되는 것이다.

지원자가 토론면접에 참여할 때는 전공지식뿐만 아니라 일반적이고 사회적인 상식, 토론의 과정 중에 타인의 의견을 경청하고 존중하며 자신의 주장을 합리적으로 전달하는 능력 등이 모두 면접관의 관찰 대상이 된다. 따라서 논리적인 근거를 바탕으로 자신의 의견을 조리 있게 전달하고 상대방을 설득하는 것이 긍정적인 평가를 받을 수 있다.

3) 프레젠테이션(PT) 면접

프레젠테이션(PT) 면접은 개인 또는 조별로 이루어지며 5~10분 동안 발표와 질의응답으로 이루어지는 면접 방법이다. 토론면접과 마찬가지로 PT면접 역시 다양한 사회적인 이슈와 관련된 주제들을 발표하게 하거나, 구체적인 기업의 상황이나 지원하는 직무와 연결하여 실질적인 문제해결 방법이나 대안을 제시하는 형태로 진행된다.

PT면접은 지원자의 발표력, 기획력뿐만 아니라 문제해결 능력과 상황판단 능력 등 지원자의 다양하고 종합적인 부분들을 평가하는 방법으로, 이를 위해서는 전공지식과 일반적인 상식이 풍부해야 하며, 평소에 PT 제작 및 발표 기회를 통해 PT의 기술적인 부분들을 보완하고 교정해 나가는 것이 필요하다.

4) 영어면접

영어면접은 지원자의 업무가 영어를 활용하는 업무와 직접적인 관련이 없다면 생략되는 경우도 있지만, 최근 대졸 지원자의 영어 수준이 꽤나 높기 때문에 간단한 자기소개나 자신의 강점, 지원 동기 등은 기본적으로 준비해 두는 것이 좋다. 특히 해외영업이나 무역 등을 중심하는 기업의 경우 현지인들이 면접관으로 참여하는 경우도 많으므로 긴장하지 않고 자신의 생각이나 의견을 자신감 있게 밝히는 것이 필요하다.

지금까지 살펴본 것을 바탕으로 자신의 말하기 습관을 알아보고, 모의면접을 실시해 보는 활동을 해 보자.

📄 **Seeing You & Me (라포형성)**

• 자신의 말하기 습관에 대해서 간단하게 적고 나눠 봅시다.

📄 **Map Finding (목표설정)**

• 이 수업을 통해서 이루고 싶은 목표를 설정해 봅시다.

나는 이 수업을 통해서 나의 말하기 부분과 관련해서,

이(가) 바뀌었으면 좋겠다.

📄 Investigation (현실점검)

• 목표달성을 위해 지금의 나 자신을 점검해 봅시다.

① 현재 자신의 면접에 대한 준비도는 몇 점인가요?

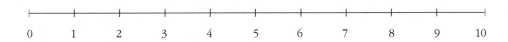

0	1	2	3	4	5	6	7	8	9	10

• 목표달성을 위해 우선 모의면접을 진행해 봅시다.

① 면접 연습

–10인 1조로 팀을 만들어 면접연습을 해 봅시다.

–각 팀당 면접관(3명), 지원자(2명), 관찰자(5명)로 구성합니다.

–각 팀은 자율적으로 다른 강의실이나 조용한 공간에 가서 면접 연습을 하고 정해진 시간까지 강의실로 돌아옵니다.

② 면접 연습 순서

–먼저 지원자는 면접관(3명)에게 이력서와 자기소개서를 복사하여 제출합니다.

–지원자는 강의실 밖으로 나가서 노크를 하고 들어오는 순간부터 면접이 시작됩니다.

–면접관은 1인당 1~2개의 질문을 하고 지원자는 성실하게 답변합니다.

–관찰자는 면접관과 지원자 모두를 관찰하고 기록합니다.

–면접 질문은 팀에서 정하거나 아래 예시를 참고합니다.

◆ 면접관용 질문 예시

자신에 대한 질문	① 1분간 자기소개를 해 보세요. ② 본인이 가장 잘하는 것은 무엇입니까? ③ 자신 성격의 장단점은 무엇입니까? ④ 자신의 좌우명을 말해 보세요. ⑤ 10년 후 자기 자신의 모습에 관해 이야기해 보세요. ⑥ 자신의 가치관과 현실의 문제가 서로 충돌한다면 무엇을 우선으로 할 것인가요? ⑦ 자신의 장점(단점)을 발휘하여 성공한 사례(실패한 사례)를 말해 보세요. ⑧ 자신의 인생목표를 달성하기 위해 지금 어떤 준비를 하고 있습니까? ⑨ 자신이 가장 즐기는 오락과 스포츠는 무엇입니까? ⑩ 부모님으로부터 가장 영향을 많이 받은 점은 무엇입니까? ⑪ 행복이란 무엇인지에 대해 말해 보세요.

직무와 적성에 관한 질문	① 이 직무에 지원한 이유는 무엇입니까?
	② 우리 회사에 지원하기 위해 무엇을 준비했습니까?
	③ 우리 회사가 당신을 뽑아야 하는 이유는 무엇입니까?
	④ 우리 회사에 대해 아는 것을 말해 보세요.
	⑤ 우리 회사의 분위기는 어떤 것 같습니까?
	⑥ 업무 수행 중 사람들과의 관계에서 가장 중요하다고 생각하는 것은 무엇입니까?
	⑦ 업무 중 상사의 부정을 알게 된다면 어떻게 대처하겠습니까?
	⑧ 선약이 있는 주말에 회사 업무가 생긴다면 어떻게 하시겠습니까?
	⑨ 본인이 우리 회사에 적합하다고 생각하는 이유는 무엇입니까?
	⑩ 우리 회사에 불합격한다면 어떻게 하시겠습니까?
	⑪ 전공이 지원한 부서와 다른 이유를 설명해 보십시오.
경험에 관한 질문	① 인생을 살면서 크게 좌절했던 경험이 있습니까?
	② 가장 기억에 남는 경험과 그 이유는 무엇입니까?
	③ 다른 회사나 관련 분야에서 일해 본 적이 있습니까?
	④ 리더로서 어떠한 프로젝트를 수행한 적이 있습니까?
	⑤ 창의력을 발휘했던 경험이 있습니까?
	⑥ 팀 프로젝트를 한 경험이 있다면 무엇이었고, 얻은 것과 잃은 것이 있었습니까?
	⑦ 최근 뉴스에서 가장 관심을 가졌던 것은 무엇입니까?
학교생활에 관한 질문	① 학창시절 해 보았던 아르바이트는 어떤 것이 있습니까?
	② 당신은 어떤 학생이었습니까? 또는 다른 사람이 보는 당신은 어떤 사람입니까?
	③ 대학생활 중에 학업 이외에 무언가 이루거나 몰두했던 일이 있었습니까?
	④ 대학시절 동아리 활동을 한 적이 있습니까?
	⑤ 대학생활 중 가장 후회가 되는 일은 무엇입니까?

③ 면접 연습 평가

  - 면접이 끝났으면 면접관과 지원자의 역할을 바꾸어 실시해 봅시다.

  - 앞 팀의 면접이 끝나면 관찰자가 면접자와 지원자가 되어 면접을 실시합니다.

  - 면접이 모두 끝난 후에 다시 모여 이야기하는 시간을 가집니다.

• 면접 평가 기준표

영역	내용	점수 (1~10)	피드백
면접 매너	면접에 적절한 복장 및 외모를 갖추었는가?		
	면접관과의 눈 맞춤이 적절한가?		
	면접 자세가 반듯한가?		
	면접에서 긍정적이고 성실한 태도를 보이는가?		
의사 전달	경청하는 자세를 유지하는가?		
	분명하고 당당한 말투로 의견을 전달하는가?		
	답변이 간결하고 논리적인가?		
인성	확고한 가치관과 직업의식을 갖추었는가?		
	협조적이고 적극적인 태도를 보이는가?		
	위기에 대처할 수 있는 융통성이 있는가?		
점수			

• 모의면접에 대한 자신의 만족도를 표시해 봅시다.

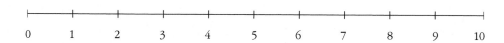

📝 **New Planning (대안탐색)**

• 모의 면접을 통해서 만족하지 못한 부분들을 찾아보고, 변화하거나 성장하기 위해 여러분
이 할 수 있는 것들을 모두 적어 봅시다(예상되는 장애물, 필요한 지원 등을 포함해서).

영역	만족하지 못한 부분	내가 할 수 있는 일
면접 매너		
표현력		
질의에 대한 응답 내용		

📝 Dropping Obstacle(실행계획)

• 면접 연습과 관련해서 이번 주에 할 수 있는 일은 무엇인가요?

• 그 일을 달성하기 위한 구체적인 실행계획을 점검해 봅시다.

실행계획					
구체적인가(S)	측정 가능한가(M)	달성 가능한가(A)	현실적인가(R)	실행 기간은(T)	합계
0　1　2	0　1　2	0　1　2	0　1　2	0　1　2	

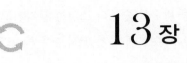

13장

커리어 포트폴리오

대문자만으로 인쇄된 책은 읽기 힘들다.
일요일 밖에 없는 인생도 그것과 마찬가지다.

– 장 파울

학습목표

• 커리어 포트폴리오의 개념과 필요성을 안다.
• 자신을 잘 표현할 수 있는 커리어 포트폴리오를 기획하고 만들 수 있다.

　　취업을 준비하는 사람은 누구나 기본적으로 학점 관리, 외국어 시험 점수 등 취업에 필요한 조건들을 준비해 나간다. 만약 다들 비슷한 수준의 조건들을 가지고 있다면, 중요한 것은 그것들을 어떻게 보여 주는가다. 같은 과수원에서 자란 사과라 하더라도 상인이 그 사과를 어떻게 정리해 두는가에 따라 소비자의 눈에 사과의 질이 다르게 보이는 것처럼, 자신이 가진 경험과 경력을 어떻게 하면 다른 사람과 차별성 있게 보여 줄 수 있을까?

1. 커리어 포트폴리오의 의미와 필요성

　　이력서나 자기소개서처럼 나를 개성 있게 드러낼 수 있는 방법 중 하나가 커리어 포트폴리오다. 포트폴리오(portfolio)는 칸막이로 나누어져 있는 서류가방을 의미하는데, 이는 칸이 나누어져 있기 때문에 자료를 잘 구분해서 넣고 다니다가 필요할 때 쉽게 찾아 꺼내 볼 수 있기 때문에 편리하다. 예를 들어, 디자인, 건축, 광고 등 창조적인 직업을 가진 사람들이 자신이 제작한 작품들의 사진이나 그림 등을 준비해 두었다가 필요할 때마다 자신의 능력과 스타일을 소개할 때 사용한다. 따라서 커리어 포트폴리오는 개인의 능력이나 경력을 증명하거나, 교육이나 훈련 받은 정도를 증명하기 위해 그와 관계된 자료를 체계적으로 수집하여 정리한 것을 말한다.

　　여기에는 자기탐색, 자기주도적 학습, 진로개발의 과정 등이 포함되어 있기 때문에 한 사람의 성장과 진로에 관계된 내용들이 포함되어 있다. 그래서 취업을 할 때 지원자의 경력이나 역량을 보완하고 증명할 수 있는 자료가 될 수 있다. 또한 커리어 포트폴리오는 자신이 해 왔던 직무에 대한 다양한 경험과 실무능력을 표현하는 데 효과적이고, 자신이 얼마나 그 직업을 수행하기에 적절한 자질을 갖추었나를 보여 주는 데 유용하다. 따라서 커리어 포트폴리오는 자신이 가지고 있는 경험과 자질에 가치를 부여할 수 있는 훌륭한 도구인 셈이다.

2. 개인용 커리어 포트폴리오 만들기

커리어 포트폴리오는 개인의 능력이나 경력을 증명하기 위해 진로와 관계된 자료를 체계적으로 수집하고 정리한 것이므로 개인의 모든 것이 포함된다고 할 수 있다. 또한 생애 설계를 바탕으로 하고 있어서 자신의 이해와 성장, 성취를 위한 노력들이 담겨 있어야 한다.

커리어 포트폴리오에 들어갈 내용들을 항목별로 살펴보면 〈표 13-1〉과 같다.

〈표 13-1〉 커리어 포트폴리오의 항목과 내용

항목	내용
생애 설계	이력서, 자기소개서, 학업계획서, 진로심리검사 자료 등
학습 자료	학업계획서, 이수과목 현황표, 성적표, 성적 분석 자료 등
대회 참가	참가신청서, 대회 준비 자료, 대회 참가 사진, 참가 작품 사진, 수상 목록, 상장 등
직업체험 활동	아르바이트 경력 기록장, 산업체 인턴십 프로그램 활동 보고서, 현장실습 프로그램 활동 보고서 및 평가서 등
기업 탐방	기업 탐방 보고서, 취업캠프 참가 자료 등
자격증	자격증 목록, 각종 자격증, 인증서, 토익 또는 토플 성적표 등
취미, 특기	취미나 특기활동, 여가활동(여행 목록, 견학 목록)
작품 결과물	자신의 작품 및 창작물 사진 등
기타	봉사활동에 관한 증빙서류, 사진 등

커리어 포트폴리오를 만들기 위해서는 첫째, 관련 자료들을 빠짐없이 모으는 것이 필요하다. 현재는 불필요한 것으로 보일 수 있지만, 이후에는 필요한 것이 될 수도 있으므로 자신과 관련된 자료들을 잘 모아 두는 것이 좋다.

둘째, 활동 내용을 기록할 때는 이후에도 활동의 목적과 내용을 알아볼 수 있도록 활동하게 된 동기, 활동목표, 활동기간, 활동시간, 활동계획 수립 등을 구체적으로 기록해 두도록 한다.

셋째, 대회 참가, 체험 활동, 기업 탐방 등 활동을 중심으로 한 항목에 대해서는 활동 결과에 대한 느낀 점을 중심으로 소감문을 작성하고, 활동한 현장의 모습을 사진 등으로 남기는 것이 좋다.

3. 제출용 커리어 포트폴리오 만들기

개인용 포트폴리오가 자신의 취업을 위한 자료 수집 및 보관이 목적이라면, 제출용 포트폴리오는 취업을 희망하는 기업에 제출하기 위한 포트폴리오를 의미한다. 이 두 가지 포트폴리오는 그 목적이 다른 만큼 구성과 양식도 다를 수 있다. 제출용 커리어 포트폴리오는 이력서나 자기소개서에 비해 그 형식이 매우 자유롭다. 그렇기 때문에 무엇을 어떻게 포함하면 좋을지 고민이 되지만, 반대로 이야기하면 그만큼 자신의 개성을 자유롭게 표현할 수 있다는 의미이기도 하다.

제출용 커리어 포트폴리오를 만들기 전에 해야 할 일은 다음과 같다.

첫째, 주제를 정하는 일이다. 즉, 내가 이것을 통해 무엇을 전달하고 싶은가를 결정하는 것이다. 취업을 준비하는 사람이 누구나 이력서, 자기소개서를 준비하는 것처럼 커리어 포트폴리오의 필요성을 알고 준비하는 것이다. 하지만 실제로 이것을 어떻게 만들어야 하고, 무엇부터 시작해야 하는지, 기업이 선호하는 스타일은 무엇인지 등 혼자서 결정해야 할 것들이 무척 많다. 이런 많은 고민 속에서 가장 명심해야 할 것은 커리어 포트폴리오를 통해 전달하고 싶은 나만의 주제다. 커리어 포트폴리오의 주제가 분명하게 정해지면 무엇을 그 안에 담아야 하는가에 대한 문제는 좀 더 쉽게 다가올 수 있다.

둘째, 나를 표현하는 데 가장 적합한 자료들을 모으는 것이다. 이 단계에서 가장 고민되는 일은 무엇을 적을까 하는 일이다. 이런 고민과 갈등에 도움을 주는 방법이 목록을 작성하는 것이다. 목록을 영역으로 나눈 후 그 안에 포함할 수 있는 자료들을 일단은 모두 적어 보자.

셋째, 자료를 선택하는 일이다. 앞서 적은 자신의 항목들을 보고 그중에서 필요하지 않은 것은 과감히 삭제하는 작업이 필요하다. 내가 보기에는 아까운 경력일 수 있지만, 다른 입장에서 보았을 때 도움이 되지 않는 정보라면 과감히 삭제하는 것이 옳다. 혹시 쉽게 결정하기 어렵다면 다음과 같은 질문을 스스로에게 던져 보고 답을 얻어 보자.

- 이 자료를 통해 나에 대해 알릴 수 있는 것은 무엇인가?
- 이 자료를 통해 상대방이 얻을 수 있는 정보는 무엇인가?

여러 곳에서 아르바이트 경험을 한 자료에 대해 '내가 다양한 경험을 했다는 것을 알려 줄 수 있는 좋은 자료야.'라고 지원자는 생각할 수 있지만, 다른 한편으로는 '한곳에서 차근차근 일을 배우기보다는 여러 곳을 다니면서 일을 했군. 우리 회사에서는 오랜 시간 일을 할 수 있을까? 애써 가르쳤는데 금방 다른 곳으로 가 버린다고 하면 어떻게 하지?'와 같이 다른 해석을 할 수 있기 때문이다. 따라서 주변에 조언을 얻을 수 있는 선배나 어른이 있다면 자신의 자료를 객관적으로 평가를 받아보는 것도 좋은 방법이다.

넷째, 자료의 배치다. 커리어 포트폴리오에 들어가야 할 내용을 결정하였다면 그것을 어떻게 배치할 것인가에 대해 결정해야 한다. 자신이 가지고 있는 자료들을 영역별로 나누어서 정리해 본다. 예를 들면, 개인정보 영역, 학습 영역, 자격과 수상 영역, 실무경험 영역 등 자료들을 각각의 성격에 맞게 구분해서 커리어 포트폴리오를 구성할 수 있다. 또는 시간 순서대로 배치할 수 있다. 과거부터 현재까지의 흐름이 있도록 배치하면서 나의 성장과 발전 가능성에 대한 메시지를 전달하는 방법도 있다. 이 단계는 자신이 가지고 있는 자료들을 기업에 효과적으로 드러내 보이기 위한 과정이므로 가장 효과적인 방법을 선택하는 것이 필요하다.

다섯째, 표현하기다. 커리어 포트폴리오에 포함하고자 하는 내용과 순서를 결정하였다면 이것을 어떻게 시각적으로 디자인해서 효과적으로 표현할 것인가를 결정해야 한다. 물론 겉으로 드러나는 외형보다 중요한 것은 내용이라고 생각하는 사람도 많겠지만, 커리어 포트폴리오의 성격 자체가 보여 주기 위한 것임을 명심해야 한다. 그 과정이나 작업 자체가 크게 어렵거나 전문적인 기술을 요하지는 않는다. 몇 가지의 기본적인 작업만 하더라도 자료들이 훨씬 더 효과적으로 타인의 시선을 잡아둘 수 있다.

커리어 포트폴리오를 효과적으로 표현할 수 있는 몇 가지 방법을 소개하면 다음과 같다.

- 문자로 표현하는 것을 최대한 줄여라. 문자를 통해 자신을 나타내 보이는 것은 이력서와 자기소개서에서 충분히 이루어졌다.
- 만약 글자가 포함되어야 한다면 한눈에 보기 좋을 만큼 간결한 내용으로 정리하고, 서체는 눈에 잘 들어오는 서체를 사용하는 것이 좋다.
- 컬러를 활용하라. 같은 값이면, 다홍치마다. 하지만 단순히 꾸미기 위해서 컬러를 쓰지 마라. 도리어 지저분해 보이기 쉽다.
- 컬러는 강조를 위해서 사용하라. 자신만의 색깔을 선택해서 커리어 포트폴리오를 만든

다면, 자신의 이미지를 충분히 표현할 수 있다는 점을 명심해라.

- 담당자는 수많은 커리어 포트폴리오를 볼 것이다. 정리정돈 되지 않고 혼잡스러운 커리어 포트폴리오는 매력적이지 않다. 통일되고 일관된 패턴을 통해 잘 정리된 자신을 보여 주라.

커리어 포트폴리오를 만드는 데 정해진 틀은 없다. 하지만 이는 자료의 수집과 정리가 중요하기 때문에 꾸준히 자료를 모으고, 학기가 끝날 때는 자료를 다시 정리해 주는 것이 좋다. 그리고 만약을 위해 컴퓨터 파일로도 저장을 해서 두고 필요한 자료를 관리해야 한다.

4. 커리어 포트폴리오 작성 시 유의사항

좀 더 나은 커리어 포트폴리오를 만들기 위해 유의할 사항은 다음과 같다.

- 목적에 맞는 커리어 포트폴리오를 제작한다.
- 다른 사람의 커리어 포트폴리오를 무조건 따라 해서는 안 된다.
- 내용이 적다고 해서 관련이 없는 내용을 담아서는 안 된다.
- 너무 오래된 자료를 넣어두는 것은 최근에 나의 성과가 없다는 것과 같다.
- 사실만을 기록한다.
- 꾸준히 준비한다.

커리어 포트폴리오를 점검하는 일반적인 기준은 〈표 13-2〉와 같다.

〈표 13-2〉 커리어 포트폴리오 평가 기준

평가 항목	세부 내용
목적의 부합성	-졸업 후 진로가 명확한가? -진로를 향한 이력 관리가 지속적으로 이루어져 있는가?
자료의 충실성	-이력서에 내용이 충실히 기록되어 있는가? -자기소개서에 내용이 충실히 기록되어 있는가?
체계성	-내용 구성이 체계를 갖추고 있는가? -내용을 쉽게 이해할 수 있도록 구성되어 있는가?

　　최근에는 인터넷 사이트를 통해 커리어 포트폴리오를 관리하고 제작해 주는 사이트도 있으므로 미리 방문하여 자신의 커리어 포트폴리오 제작 컨셉과 어울리는 사이트를 살펴보고 꾸준히 관리하면 좋을 것이다. 지금까지 살펴볼 것을 바탕으로 커리어 포트폴리오를 기획하는 활동을 해 보자.

📖 Seeing You & Me (라포형성)

• 포트폴리오를 작성했던 경험이 있다면 간단하게 적고 서로 나눠 봅시다.

📖 Map Finding (목표설정)

• 이 수업을 통해 이루고 싶은 목표를 설정해 봅시다.

나는 이 수업을 통해서,

를(을) 기대한다.

 **Investigation (현실점검)**

• 커리어 포트폴리오에 들어갈 자료들을 선정하기 전에 다음 물음에 대해 생각해 봅시다.

> –커리어 포트폴리오에 들어가야 할 내용에는 무엇이 있을까?
>
> –나 자신을 잘 드러내기 위해 어떻게 표현하는 것이 좋을까?
>
> –이 자료를 통해 나에 대해 알릴 수 있는 것은 무엇인가?
>
> –이 자료를 통해 상대방이 얻을 수 있는 정보는 무엇인가?

• 커리어 포트폴리오에 들어갈 자료들을 선정해 보고, 반드시 필요한 내용인지 그렇지 않은지 평가해 봅시다.

항목	내용	평가
생애 설계	이력서	
	자기소개서	
	학업계획서	
	진로심리검사 자료	
학습 자료	학업계획서	
	이수과목 현황표	
	성적표	
	성적 분석자료	
대회 참가	참가신청서, 준비 자료, 참가 사진, 참가 작품 사진, 수상 목록, 상장	
직업체험 활동	아르바이트 경력 기록장	
	산업체 인턴십 프로그램 활동 보고서	
	현장실습 프로그램 활동 보고서 및 평가서	
기업 탐방	기업 탐방 보고서	
	취업캠프 참가 자료	
자격증	자격증 목록	
	각종 자격증	
	인증서	
	토익 또는 토플 성적표	
취미, 특기	취미나 특기활동, 여가활동(여행 목록, 견학 목록)	
작품 결과물	자신의 작품 및 창작물 사진	
기타	봉사활동에 관한 증빙서류, 사진	

• 현재 완성한 커리어 포트폴리오에 대한 만족도를 표시해 봅시다.

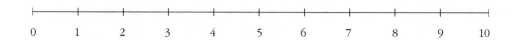

```
 ├────┼────┼────┼────┼────┼────┼────┼────┼────┼────┤
 0    1    2    3    4    5    6    7    8    9   10
```

• 커리어 포트폴리오에서 부족한 부분이 있다면 어떤 부분인가요?

📝 **New Planning (대안탐색)**

• 다음에 제시된 커리어 포트폴리오 자가진단 항목을 참고로 하여 포트폴리오의 보완할 부분에 대하여 구체적으로 계획을 세워 봅시다.

구분	자가진단 항목	포함되어 있는 자료	보완할 자료
내용	항목에 맞는 내용들이 포함되어 있는가?		
	자신의 진로를 향한 이력 관리가 제시되어 있는가?		
학습 활동	전공 교과목을 체계적으로 이수하였는가?		
	보고서, 졸업논문 등 다양한 학습 결과물이 체계적으로 관리되고 있는가?		
	산업체 인턴십, 현장 견학 등 다양한 활동들을 수행하고, 그 과정 및 결과가 잘 정리되어 있는가?		
학습 외 활동	각종 시험, 자격증, 수상 등에 대한 기록이 드러나 있는가?		
	봉사활동에 대한 기록에서 책임의식이 반영되어 있는가?		
발전 과정	포트폴리오 내용을 통하여 전공능력이 함양되었거나 되고 있음이 나타나 있는가?		
	미래 계획이나 목표에 비추어 자신의 현재 상태에 대한 정보를 얻을 수 있는가?		

📋 Dropping Obstacle (실행계획)

• 포트폴리오 작성을 위해 이번 주에 할 수 있는 일은 무엇인가요?

• 그 일을 달성하기 위한 구체적인 실행계획을 점검해 봅시다.

실행계획					
구체적인가(S)	측정 가능한가(M)	달성 가능한가(A)	현실적인가(R)	실행 기간은(T)	합계
0　1　2	0　1　2	0　1　2	0　1　2	0　1　2	

부록

2015년 국가직무능력표준(NCS)
개발 분류체계
(2015. 7. 17. 기준)

개발유보	2013년 개발	2014년 신규개발	2014년 보완개발	2015년 (1차) 신규개발	2015년 (2차) 신규개발	추후 개발

대분류	중분류	소분류	세분류	개발유보	2013년 개발	2014년 개발 신규	2014년 개발 보완	2015년 개발 (1차)	2015년 개발 (2차)	추후 개발	소관부처
24개	80개	238개	887개	31	240	288	269	35	15	9	–
01. 사업관리		1	2	5	0	0	0	0	3	2	0	–
01. 사업관리	1. 사업관리	1. 프로젝트관리	01. 공적개발원조사업관리(구. 공적자원개발)					■			고용부 외교부 기재부
			02. 프로젝트관리					■			
			03. 산학협력관리					■			
		2. 해외관리(신설)	01. 해외법인설립관리						신설		
			02. 해외취업관리						신설		
02. 경영·회계·사무		4	11	27	0	11	6	8	1	1	0	
02. 경영·회계·사무	1. 기획사무	1. 경영기획	01. 경영기획		■						고용부 공정위 국토부 기재부 산업부 관세청
			02. 경영평가		■						
		2. 홍보·광고	01. 기업홍보		■						
			02. PR/광고				■				
		3. 마케팅	01. 마케팅전략기획				■				
			02. 고객관리		■						
			03. 통계조사				■				
	2. 총무·인사	1. 총무	01. 총무		■						
			02. 자산관리		■						
			03. 비상기획		■						
		2. 인사·조직	01. 인사		■						
			02. 노무관리		■						
		3. 일반사무	01. 비서		■						
			02. 사무행정		■						
	3. 재무·회계	1. 재무	01. 예산				■				
			02. 자금				■				
		2. 회계	01. 회계·감사				■				
			02. 세무				■				
	4. 생산·품질관리	1. 생산관리	01. 구매조달			■					
			02. 자재관리			■					
			03. 공정관리			■					
			04. SCM			■					
		2. 품질관리	01. QM/QC관리			■					
		3. 무역·유통관리	01. 물류관리(구.유통관리)				■				
			02. 수출입관리			■					
			03. 원산지관리					신설			
			04. 유통관리						신설		

대분류	중분류	소분류	세분류	개발 유보	2013년 개발	2014년 개발		2015년 개발 (1차)	2015년 개발 (2차)	추후 개발	소관부처
						신규	보완				
24개	80개	238개	887개	31	240	288	269	35	15	9	–
	2	9	35	0	0	35	0	0	0	0	
03. 금융 · 보험	1. 금융	1. 금융영업	01. 창구사무								금융위
			02. 기업영업								
			03. PB영업								
			04. 카드영업								
		2. 금융상품개발	01. 여수신상품개발								
			02. 투자상품개발								
			03. 연금상품개발								
			04. 카드상품개발								
		3. 신용분석	01. 개인신용분석								
			02. 기업신용분석								
			03. 여신심사(구.교환어음처리)								
		4. 자산운용	01. 펀드운용								
			02. 주식 · 채권운용(구.채권 증권 운용)								
			03. 파생상품운용								
			04. 대체투자								
			05. 신탁자산관리								
		5. 금융영업지원	01. 결제								
			02. 채권추심								
			03. 리스크관리								
		6. 증권 · 외환	01. 증권거래업무								
			02. 외환 · 파생업무								
			03. 인수업무								
			04. 증권상장업무(구.유가증권상장 등록 폐지업무)								
			05. 외화조달 외환대출업무 (구.외자조달 외환대출업무)								
			06. 무역금융업무								
	2. 보험	1. 보험상품개발	01. 보험동향분석								
			02. 보험상품개발								
			03. 보험계리								
		2. 보험영업 · 계약	01. 보험모집(구.보험청약)								
			02. 보험계약심사(구.보험심사)								
			03. 보험계약 · 보전								
			04. 위험관리								
		3. 손해사정	01. 재물손해사정(구.화재 · 특정 보험손해사정)								
			02. 차량손해사정(구.해상보험손해사정)								
			03. 신체손해사정(구.자동차보험손해사정)								

대분류	중분류	소분류	세분류	개발유보	2013년 개발	2014년 개발		2015년 개발 (1차)	2015년 개발 (2차)	추후 개발	소관부처
						신규	보완				
24개	80개	238개	887개	31	240	288	269	35	15	9	–
04. 교육 · 자연 · 사회과학	3	5	13	5	0	6	2	0	0	0	고용부 교육부 미래부
	1. 학교교육	1. 학교교육	01. 유아교육								
			02. 초등교육								
			03. 중등교육								
			04. 특수교육								
	2. 평생교육	1. 평생교육	01. 평생교육								
		2. 평생교육운영	01. 평생프로그램기획 · 개발 · 평가								
			02. 평생프로그램운영 · 상담								
	3. 직업교육	1. 직업교육	01. 경력지도								
			02. 기업교육								
			03. 직무분석								
		2. 이러닝	01. 이러닝시스템개발								
			02. 이러닝콘텐츠개발								
			03. 이러닝과정(process)운영								
05. 법률 · 경찰 · 소방 · 교도 · 국방	2	4	15	3	7	5	0	0	0	0	국방부 법무부 안전처
	1. 법률	1. 법무	01. 법무								
			02. 인권								
			03. 출입국관리								
		2. 지식재산관리	01. 지식재산관리 (구.지식재산법무)								
			02. 지식재산평가 · 거래								
			03. 지식재산정보조사분석 (구.지식재산정보분석)								
	2. 소방방재	1. 소방	01. 소방시설설계 · 감리								
			02. 소방시설공사								
			03. 구조구급								
			04. 소방안전관리								
			05. 위험물운송 · 운반관리								
			06. 위험물안전관리								
		2. 방재	01. 방재시설								
			02. 기업재난관리								
			03. 방재안전대책관리								
06. 보건 · 의료	2	7	34	23	9	2	0	0	0	0	복지부
	1. 보건	1. 의료기술지원	01. 의료기관리								
			02. 물리치료								
			03. 작업치료								
			04. 방사선검사								
			05. 임상병리검사								
			06. 시각관리								
			07. 응급구조								
			08. 요양지원								
			09. 의지보조기								
			10. 청각관리								

대분류	중분류	소분류	세분류	개발유보	2013년 개발	2014년 개발		2015년 개발 (1차)	2015년 개발 (2차)	추후 개발	소관부처
						신규	보완				
24개	80개	238개	887개	31	240	288	269	35	15	9	–
			11. 치과위생								
			12. 치과기공								
			13. 임상심리								
			14. 의료정보관리(구.의무기록)								
		2. 보건지원	01. 병원행정								
			02. 병원안내								
			03. 보건교육								
			04. 의료시설위생관리								
			05. 지역사회위생관리								
			06. 영양관리	신설							
		3. 약무	01. 양약조제								
			02. 한약조제								
	2. 의료	1. 임상의학	01. 양의학치료								
			02. 한의학치료								
			03. 치과치료								
		2. 간호	01. 임상간호								
			02. 지역사회간호								
		3. 기초의학	01. 예방의학								
			02. 병리학								
			03. 유전학								
		4. 임상지원	01. 영상의학								
			02. 임상병리								
			03. 감염관리								
			04. 대체의학								
3	6	16		0	5	5	3	3	0	0	
07. 사회복지 ·종교	1. 사회복지	1. 사회복지정책	01. 지역사회복지개발 (구.사회복지개발)								고용부 복지부 여가부
			02. 사회복지기관운영 (구.공공복지행정)								
			03. 공공복지(구.지역사회복지)								
		2. 사회복지서비스	01. 사회복지프로그램운영 (구.사회복지프로그램개발)								
			02. 일상생활기능지원 (구.사회복지기관운영)								
			03. 사회복지면담 (구.사회복지상담)								
			04. 사회복지사례관리 (구.사례관리)								
	2. 상담	1. 직업상담서비스	01. 직업상담								
			02. 취업알선								
			03. 전직지원(구.퇴직지원)								
		2. 청소년지도	01. 청소년활동								
			02. 청소년상담복지								
			03. 진로지원					신설			
		3. 심리상담	01. 심리상담					신설			
	3. 보육	1. 보육	01. 보육								
			02. 산후육아지원					신설			

대분류	중분류	소분류	세분류	개발유보	2013년 개발	2014년 개발		2015년 개발(1차)	2015년 개발(2차)	추후개발	소관부처
						신규	보완				
24개	80개	238개	887개	31	240	288	269	35	15	9	–
	3	9	63	0	20	22	2	6	4	9	
08. 문화·예술·디자인·방송	1. 문화·예술	1. 문화예술경영	01. 문화·예술기획								고용부 문광부 산업부 방통위
			02. 문화·예술행정								
			03. 문화·예술경영								
			04. 문헌정보관리								
		2. 실용예술	01. 실용음악								
			02. 실용사진								
		3. 공연예술	01. 무대연출								
			02. 무대조명								
			03. 무대기계								
			04. 무대음향								
			05. 무대미술								
			06. 무대감독								
			07. 무대기술감독								
			08. 무대장치·소품								
			09. 무대의상								
			10. 무대영상								
			11. 하우스매니징								
		4. 문화재관리	01. 학예								
			02. 문화재보수								
			03. 문화재보존								
	2. 디자인	1. 디자인	01. 시각디자인								
			02. 제품디자인								
			03. 환경디자인								
			04. 디지털디자인								
			05. 텍스타일디자인								
			06. 서비스경험디자인								
			07. 실내디자인								
			08. 색채디자인					신설			
	3. 문화콘텐츠	1. 문화콘텐츠기획	01. 방송콘텐츠기획							×	
			02. 영화콘텐츠기획							×	
			03. 음악콘텐츠기획							×	
			04. 광고콘텐츠기획							×	
			05. 게임콘텐츠기획							×	
			06. 애니메이션콘텐츠기획							×	
			07. 만화콘텐츠기획							×	
			08. 캐릭터기획							×	
			09. 스마트문화앱콘텐츠기획							×	
		2. 문화콘텐츠제작	01. 방송콘텐츠제작								
			02. 영화콘텐츠제작								
			03. 음악콘텐츠제작								
			04. 광고콘텐츠제작								
			05. 게임콘텐츠제작								

대분류	중분류	소분류	세분류	개발유보	2013년 개발	2014년 개발 신규	2014년 개발 보완	2015년 개발(1차)	2015년 개발(2차)	추후개발	소관부처
24개	80개	238개	887개	31	240	288	269	35	15	9	–
			06. 애니메이션콘텐츠제작								
			07. 만화콘텐츠제작								
			08. 캐릭터제작								
			09. 스마트문화앱콘텐츠제작								
			10. 영사								
		3. 문화콘텐츠유통·서비스	01. 방송콘텐츠유통·서비스								
			02. 영화콘텐츠유통·서비스								
			03. 음악콘텐츠유통·서비스								
			04. 광고콘텐츠유통·서비스								
			05. 게임콘텐츠유통·서비스								
			06. 애니메이션콘텐츠유통·서비스(추후개발→개발)								
			07. 만화콘텐츠유통·서비스(추후개발→개발)								
			08. 캐릭터유통·서비스(추후개발→개발)								
			09. 스마트문화앱콘텐츠유통·서비스(추후개발→개발)								
		4. 영상제작	01. 영상연출								
			02. 영상촬영								
			03. 영상조명								
			04. 영상음향녹음								
			05. 영상그래픽								
			06. 영상편집								
			07. 영상미술								
	4	7	26	0	8	16	0	0	2	0	
09. 운전·운송	1. 자동차운전·운송	1. 자동차운전·운송	01. 여객운송(개발유보→개발)								국방부 국토부 해수부
			02. 화물운송(개발유보→개발)								
	2. 철도 운전·운송	1. 철도운전운영	01. 철도관제								
			02. 열차운용DIA								
			03. 철도운전								
			04. 기지내차량운전								
		2. 철도시설유지보수	01. 철도선로시설물유지보수								
			02. 정비기지시설물유지보수								
			03. 역시설물유지보수								
			04. 철도정보통신시설물유지보수								
	3. 선박운전·운송	1. 선박운항	01. 항해								
			02. 선박기관운전								
			03. 선박통신								
			04. 수면비행선박조종								
			05. 수상레저기구조종								
			06. 해상관제								
			07. 선박갑판관리								
		2. 검수·검량	01. 검수·검정(구.감정·검량·검수)								

대분류	중분류	소분류	세분류	개발유보	2013년 개발	2014년 개발		2015년 개발(1차)	2015년 개발(2차)	추후개발	소관부처
						신규	보완				
24개	80개	238개	887개	31	240	288	269	35	15	9	–
	4. 항공운전 · 운송	1. 항공기조종운송	01. 경량항공기조종								
			02. 자가용항공기조종								
			03. 사업용항공기조종								
			04. 운송용항공기조종								
		2. 항공운항	01. 항공교통관제								
			02. 운항관리								
			03. 항공안전								
			04. 항공보안								
10. 영업판매	3	7	17	0	1	16	0	0	0	0	고용부 국토부
	1. 영업	1. 일반 · 해외영업	01. 일반영업								
			02. 해외영업								
	2. 부동산	1. 부동산컨설팅	01. 부동산개발								
			02. 부동산분양								
			03. 부동산경 · 공매								
		2. 부동산관리	01. 주택관리								
			02. 상업용건물 관리								
			03. 부동산자산관리 (구.부동산관리)								
		3. 부동산중개	01. 부동산중개								
			02. 부동산정보제공								
		4. 감정평가	01. 부동산 · 동산감정평가								
			02. 기업가치평가								
			03. 감정평가가격정보제공								
	3. 판매	1. e-비지니스	01. 통신판매								
			02. 전자상거래								
		2. 일반판매	01. 매장판매								
			02. 방문판매								
11. 경비 · 청소	2	3	6	0	0	4	0	1	1	0	경찰청 여가부 환경부
	1. 경비	1. 경비 · 경호	01. 보안(구.경비)								
			02. 경호(구.신변보호)								
	2. 청소 · 세탁	1. 청소	01. 환경미화(개발유보→개발)								
			02. 가사지원(기존: 개발유보)					개발			
		2. 세탁	01. 세탁								
			02. 수선								
12. 이용 · 숙박 · 여행 · 오락 · 스포츠	4	12	42	0	17	21	4	0	0	0	문광부 복지부
	1. 이 · 미용	1. 이 · 미용서비스	01. 헤어미용								
			02. 피부미용								
			03. 메이크업								
			04. 네일미용								
			05. 이용								
	2. 결혼 · 장례	1. 결혼서비스	01. 결혼상담								
			02. 웨딩플래너								
			03. 결혼예식장관리(구.결혼식장 관리)								
			04. 웨딩이벤트								

대분류	중분류	소분류	세분류	개발유보	2013년개발	2014년 개발 신규	2014년 개발 보완	2015년개발(1차)	2015년개발(2차)	추후개발	소관부처
24개	80개	238개	887개	31	240	288	269	35	15	9	-
		2. 장례서비스	01. 장례지원			■					
			02. 장례지도			■					
	3. 관광·레저	1. 여행서비스	01. 여행상품개발		■						
			02. 여행상품상담		■						
			03. 국내여행안내		■						
			04. 해외여행안내		■						
			05. 항공객실서비스		■						
		2. 숙박서비스	01. 숙박기획·개발		■						
			02. 객실관리		■						
			03. 부대시설관리		■						
			04. 연회관리		■						
			05. 접객서비스		■						
		3. 컨벤션	01. 회의기획		■						
			02. 전시기획		■						
			03. 이벤트기획		■						
		4. 관광레저서비스	01. 카지노기획개발		■						
			02. 카지노운영관리		■						
			03. 크루즈운영관리		■						
			04. 유원시설운영관리		■						
	4. 스포츠	1. 스포츠용품	01. 스포츠용품제작			■					
		2. 스포츠시설	01. 스포츠시설개발			■					
			02. 스포츠시설운영관리			■					
		3. 스포츠경기·지도	01. 선수스포츠지도			■					
			02. 일반인스포츠지도			■					
			03. 건강운동관리			■					
			04. 경기기록분석			■					
			05. 경기심판			■					
			06. 경기지원			■					
		4. 스포츠마케팅	01. 스포츠이벤트			■					
			02. 스포츠라이선싱(구.스포츠라이센싱)			■					
			03. 스포츠에이전트(구.스포츠에이전트)			■					
			04. 스포츠정보관리(구.스포츠정보)			■					
		5. 레크리에이션	01. 레크리에이션지도(구.레크레이션지도)			■					
	1	3	9	0	3	0	5	1	0	0	
13. 음식서비스	1. 식음료조리·서비스	1. 음식조리	01. 한식조리(구.한식·복어조리)				■				농림부 식약처
			02. 양식조리				■				
			03. 중식조리				■				
			04. 일식·복어조리(구.일식조리)				■				
		2. 식음료서비스	01. 식음료접객				■				
			02. 소믈리에		■						
			03. 바리스타		■						
			04. 바텐더		■						
		3. 외식경영	01. 외식운영관리					신설			

대분류	중분류	소분류	세분류	개발유보	2013년 개발	2014년 개발		2015년 개발(1차)	2015년 개발(2차)	추후개발	소관부처
						신규	보완				
24개	80개	238개	887개	31	240	288	269	35	15	9	–
	8	26	109	0	25	23	54	4	3	0	
14. 건설	1. 건설공사관리	1. 건설시공전관리	01. 설계기획관리			■					고용부 미래부 국토부 해수부 산업부
		2. 건설시공관리	01. 건설공사공정관리				■				
			02. 건설공사품질관리				■				
			03. 건설공사환경관리				■				
			04. 건설공사공무관리				■				
		3. 건설시공후관리	01. 유지관리				■				
	2. 토목	1. 토목설계 · 감리	01. 도로설계				■				
			02. 공항설계				■				
			03. 터널설계				■				
			04. 교량설계				■				
			05. 항만(해양)설계				■				
			06. 상하수도설계				■				
			07. 하천(댐)설계				■				
			08. 지반설계				■				
			09. 단지설계				■				
			10. 철도설계				■				
			11. 토목건설사업관리(구.토목감리)				■				
		2. 토목시공	01. 토공				■				
			02. 지반개량				■				
			03. 포장				■				
			04. 수중구조물시공				■				
			05. 삭도시공				■				
			06. 궤도시공				■				
			07. 상하수도시공				■				
			08. 보링그라우팅				■				
			09. 철강재시공				■				
			10. 준설				■				
			11. 석축				■				
		3. 측량 · 지리정보개발	01. 지적				■				
			02. 측량				■				
			03. 공간정보구축		□						
			04. 공간정보융합기술개발					신설			
	3. 건축	1. 건축설계 · 감리	01. 건축설계				■				
			02. 건축구조설계		□						
			03. 건축감리		□						
			04. 실내건축설계				■				
		2. 건축시공	01. 건축목공시공				■				
			02. 조적미장시공				■				
			03. 방수시공				■				
			04. 타일석공시공				■				
			05. 건축도장시공				■				
			06. 철근콘크리트시공				■				

대분류	중분류	소분류	세분류	개발유보	2013년 개발	2014년 개발 신규	2014년 개발 보완	2015년 개발(1차)	2015년 개발(2차)	추후개발	소관부처
24개	80개	238개	887개	31	240	288	269	35	15	9	-
			07. 창호시공				■				
			08. 가설시공				■				
			09. 수장시공				■				
			10. 단열시공				■				
			11. 지붕시공				■				
			12. 구조물해체				■				
			13. 강구조시공				■				
		3. 건축설비설계·시공	01. 건축설비설계				■				
			02. 건축설비시공				■				
			03. 건축설비감리				■				
			04. 건축설비유지관리				■				
			05. 배관시공						신설		
	4. 플랜트(명칭변경)(구. 산업환경설비)	1. 플랜트 설계감리(명칭변경)(구. 산업·환경설비 설계·감리)	01. 발전설비설계				■				
			02. 석유·화학설비설계			■					
			03. 에너지설비설계			■					
			04. 제조공장설비설계			■					
			05. 환경설비설계			■					
			06. 플랜트설비감리(명칭변경)(구. 산업·환경설비감리)			■					
			07. 해수담수화플랜트설비설계						신설		
		2. 플랜트시공(명칭변경)(구. 산업·환경설비 시공)	01. 플랜트기계설비시공(명칭변경)(구. 산업·환경기계설비시공)				■				
			02. 플랜트전기설비시공(명칭변경)(구. 산업·환경전기설비시공)				■				
			03. 플랜트계측설비시공(명칭변경)(구. 산업·환경계측제어설비시공)				■				
		3. 플랜트사업관리(신설)	01. 플랜트사업관리						신설		
	5. 조경	1. 조경	01. 조경설계				■				
			02. 조경시공				■				
			03. 조경관리		■						
			04. 조경감리		■						
	6. 도시·교통	1. 기국토·도시계획	01. 국토·지역계획		■						
			02. 도시계획		■						
			03. 도시설계		■						
			04. 도시재생			■					
			05. 도시개발			■					
			06. 도시경관			■					
		2. 교통계획·설계	01. 교통계획		■						
			02. 교통설계		■						
			03. 교통운영·감리		■						

대분류	중분류	소분류	세분류	개발유보	2013년 개발	2014년 개발		2015년 개발(1차)	2015년 개발(2차)	추후개발	소관부처
						신규	보완				
24개	80개	238개	887개	31	240	288	269	35	15	9	–
7. 건설기계운전·정비		1. 토공기계운전	01. 모터그레이더운전								
			02. 아스팔트피니셔운전								
			03. 롤러운전								
			04. 불도저운전								
			05. 로더운전								
			06. 굴삭기운전								
			07. 준설선운전								
		2. 기초공건설기계운전	01. 락드릴항타항발기운전								
			02. 지열시추기운전								
		3. 콘크리트공기계운전	01. 콘크리트공기계운전								
		4. 적재기계운전	01. 지게차운전								
		5. 양중기계운전	01. 기중기운전(이동식크레인조종)								
			02. 양화장치운전(선박크레인조종)								
			03. 타워크레인운전(타워크레인조종)								
			04. 천장크레인운전(천장크레인조종)								
			05. 컨테이너크레인운전(컨테이너크레인조종)								
		6. 건설기계정비	01. 건설기계정비								
	8. 해양자원	1. 해양환경조사	01. 해양관측								
			02. 해양측량								
			03. 해양생태환경조사(구.해양조사)								
		2. 해양환경관리	01. 해양환경보전·복원								
			02. 해양환경영향 평가								
			03. 해양오염관리·방재								
		3. 해양플랜트설치·운용	01. 원유시추설비설치·운용 (구.원유시추생산설비설치·운용)								
			02. 원유생산설비설치·운용 (구.일반해양구조물설치·운용)								
			03. 해양터미널구조물설치					신설			
		4. 해양자원개발·관리	01. 해양자원탐사								
			02. 해양자원개발								
			03. 해양자원관리								
		5. 잠수	01. 일반잠수					신설			
			02. 산업잠수					신설			
15. 기계	10	29	115	0	17	29	67	1	1	0	고용부 미래부 국토부 산업부
	1. 기계설계	1. 설계기획	01. 기계설계기획								
			02. 기계개발기획								
			03. 기계조달								
			04. 기계마케팅								
		2. 기계설계	01. 기계요소설계								
			02. 기계시스템설계								

대분류	중분류	소분류	세분류	개발 유보	2013년 개발	2014년 개발		2015년 개발 (1차)	2015년 개발 (2차)	추후 개발	소관부처
						신규	보완				
24개	80개	238개	887개	31	240	288	269	35	15	9	–
			03. 구조해석설계				■				
			04. 기계제어설계				■				
	2. 기계가공	1. 절삭가공	01. 선반가공				■				
			02. 밀링가공				■				
			03. 연삭가공				■				
			04. CAM				■				
			05. 측정				■				
			06. 성형가공				■				
		2. 특수가공	01. 방전가공				■				
			02. 레이저가공				■				
			03. 워터젯가공				■				
			04. 플라즈마가공				■				
	3. 기계조립 · 관리	1. 기계조립	01. 기계수동조립				■				
			02. 기계소프트웨어개발				■				
			03. 기계하드웨어개발				■				
			04. 기계펌웨어개발				■				
		2. 기계생산관리	01. 기계생산관리계획				■				
			02. 기계자재관리				■				
			03. 기계공정관리				■				
			04. 기계생산성관리				■				
			05. 기계작업감독				■				
	4. 기계품질관리	1. 기계품질관리	01. 기계품질계획				■				
			02. 기계품질관리				■				
			03. 기계품질평가				■				
	5. 기계장치설치	1. 기계장비설치 · 정비	01. 운반하역기계설치 · 정비				■				
			02. 건설광산기계설치 · 정비				■				
			03. 섬유기계설치 · 정비				■				
			04. 공작기계설치 · 정비				■				
			05. 고무프라스틱기계설치 · 정비				■				
			06. 농업용기계설치 · 정비				■				
			07. 승강기설치 · 정비			■					
		2. 냉동공조설비	01. 냉동공조설계		■						
			02. 냉동공조설치		■						
			03. 냉동공조유지보수관리		■						
	6. 자동차(구.자동차제조)	1. 자동차설계	01. 자동차설계			■					
			02. 자동차시험 · 평가			■					
		2. 자동차제작	01. 자동차조립			■					
			02. 자동차성능검사			■					
		3. 자동차정비	01. 자동차전기 · 전자장치정비				■				
			02. 자동차엔진정비				■				
			03. 자동차섀시정비				■				
			04. 자동차차체정비				■				
			05. 자동차도장				■				
			06. 자동차정비검사				■				

대분류	중분류	소분류	세분류	개발유보	2013년 개발	2014년 개발 신규	2014년 개발 보완	2015년 개발 (1차)	2015년 개발 (2차)	추후 개발	소관부처
24개	80개	238개	887개	31	240	288	269	35	15	9	–
		4. 자동차정비관리	01. 자동차정비경영관리				■				
			02. 자동차정비현장관리				■				
		5. 자동차관리	01. 자동차영업					신설			
			02. 자동차튜닝						신설		
	7. 철도차량제작	1. 철도차량설계 · 제작	01. 철도차량설계			■					
			02. 철도차량제작			■					
			03. 철도차량시운전			■					
		2. 철도차량유지보수	01. 고속차량유지보수			■					
			02. 디젤차량유지보수			■					
			03. 전기차량유지보수			■					
			04. 객화차량유지보수			■					
			05. 특수차량유지보수			■					
	8. 조선	1. 선박설계	01. 선박기본설계				■				
			02. 선체설계			■					
			03. 선박배관설계			■					
			04. 철의장설계			■					
			05. 기장설계			■					
			06. 전장설계			■					
			07. 선실설계			■					
		2. 선체건조	01. 선체가공				■				
			02. 선체조립				■				
			03. 선박도장(구.선체도장)				■				
		3. 선체의장생산	01. 기장생산			■					
			02. 전장생산				■				
			03. 선장생산			■					
			04. 선실의장생산				■				
		4. 선박품질관리	01. 선체품질관리				■				
			02. 의장품질관리				■				
			03. 도장품질관리				■				
		5. 선박생산관리	01. 선박생산계획		■						
			02. 선체생산관리				■				
			03. 의장생산관리			■					
		6. 시운전	01. 기장시운전				■				
			02. 선장시운전				■				
			03. 전장시운전				■				
		7. 선박정비	01. 선체정비		■						
			02. 선박기관정비		■						
			03. 선박배관정비		■						
			04. 전장정비		■						
			05. 의장정비		■						

대분류	중분류	소분류	세분류	개발유보	2013년개발	2014년 개발		2015년개발(1차)	2015년개발(2차)	추후개발	소관부처
						신규	보완				
24개	80개	238개	887개	31	240	288	269	35	15	9	-
	9. 항공기제작	1. 항공기설계	01. 항공기기체설계								
			02. 항공기엔진ㆍ프로펠러설계								
			03. 항공기전기ㆍ전자장비설계								
			04. 항공기시스템설계								
		2. 항공기제작	01. 항공기기체제작								
			02. 항공기엔진ㆍ프로펠러제작								
			03. 항공기전기ㆍ전자장비제작								
		3. 항공기정비	01. 항공기기체정비								
			02. 항공기가스터빈엔진정비(구.항공기가스터빈기관정비)								
			03. 항복기왕복엔진정비(구.항공기왕복기관정비)								
			04. 항공기프로펠러정비								
			05. 항공기계통정비(구.항공기기계부품ㆍ장비정비)								
			06. 항공기전기ㆍ전자장비정비								
			07. 헬리콥터정비(구.헬기정비)								
		4. 항공장비관리	01. 항공기정비관리								
			02. 항공장비보급관리								
			03. 항공장구관리								
	10. 금형	1. 사출금형	01. 사출금형설계								
			02. 사출금형제작								
			03. 사출금형품질관리								
			04. 사출금형조립								
		2. 프레스금형	01. 프레스금형설계								
			02. 프레스금형제작								
			03. 프레스금형품질관리								
			04. 프레스금형조립								
	2	7	34	0	2	10	22	0	0	0	
16. 재료	1. 금속재료	1. 금속엔지니어링	01. 재료설계								고용부 미래부 산업부
			02. 재료시험								
			03. 재료조직평가								
		2. 금속재료제조	01. 제선								
			02. 제강								
			03. 열간압연								
			04. 냉간압연								
			05. 비철금속건식제련(구.건식비철금속제련)								
			06. 비철금속습식제련(구.습식비철금속제련)								
			07. 축로								

대분류	중분류	소분류	세분류	개발유보	2013년 개발	2014년 개발		2015년 개발(1차)	2015년 개발(2차)	추후개발	소관부처
						신규	보완				
24개	80개	238개	887개	31	240	288	269	35	15	9	-
		3. 금속가공	01. 주조								
			02. 단조·압출·인발								
			03. 열처리								
			04. 선재가공								
			05. 판금제관(구.판금)								
			06. 강관제조(구.제·조관)								
		4. 표면처리	01. 도금								
			02. 금속도장								
		5. 용접	01. 피복아크용접								
			02. CO2용접								
			03. 가스텅스텐아크용접(구.티그용접)								
			04. 가스메탈아크용접(구.미그용접)								
			05. 서브머지드아크용접								
			06. 로봇용접								
	2. 요업재료	1. 파인세라믹제조	01. 전기전자재료제조(구.전기재료제조)								
			02. 광학재료제조								
			03. 내열구조재료제조(구.내열재료제조)								
			04. 생체세라믹제료제조(구.생체재료제조)								
		2. 전통세라믹제조	01. 유리·법랑제조								
			02. 내화물제조								
			03. 연삭제제조								
			04. 도자기제조								
			05. 시멘트제조								
			06. 탄소제품제조								
	4	11	32	0	22	8	1	1	0	0	
17. 화학	1. 화학물질·화학공정관리	1. 화학물질관리	01. 화학물질분석								미래부 산업부
			02. 화학물질검사·평가								
			03. 화학물질취급관리								
		2. 화학공정관리	01. 화학공정설계								
			02. 화학반응공정개발운전								
			03. 화학공정유지운영								
		3. 화학제품연구개발	01. 화학제품연구개발					신설			
	2. 석유·기초화학물 제조	1. 석유·천연가스 제조	01. 석유제품제조								
		2. 기초유기화학물 제조	01. 석유화학제품제조								
			02. 합성수지제조								
			03. 합섬원료제조(구.합성원료제조)								
			04. 합성고무제조								
			05. 고분자복합재료제조								
			06. 기능성고분자제조								
		3. 기초무기화학물 제조	01. 무기질비료제조								
			02. 산·알카리제조								

대분류	중분류	소분류	세분류	개발유보	2013년개발	2014년 개발 신규	2014년 개발 보완	2015년개발(1차)	2015년개발(2차)	추후개발	소관부처
24개	80개	238개	887개	31	240	288	269	35	15	9	–
	3. 정밀화학제품제조	1. 생리활성화제품제조	01. 의약품제조		■						
			02. 농약제조		■						
			03. 화장품제조		■						
		2. 기능성정밀화학제품제조	01. 계면활성제제조		■						
			02. 첨가제제조		■						
			03. 색소(염·안료)제조			■					
			04. 도료제조			■					
			05. 접착제제조		■						
		3. 바이오의약품제조	01. 바이오의약품제조								
		4. 바이오화학제품제조	01. 범용바이오화학소제조		■						
			02. 바이오플라스틱제조		■						
			03. 특수바이오화학제품제조		■						
	4. 플라스틱제품제조	1. 플라스틱제품제조	01. 압·사출성형				■				
			02. 코팅성형				■				
			03. 중공·진공성형								
			04. 컴파운딩								
18 섬유·의복	2	7	23	0	8	0	14	1	0	0	고용부 산업부
	1. 섬유제조	1. 섬유생산	01. 방사				■				
			02. 방적				■				
			03. 제직				■				
			04. 편직				■				
			05. 부직포					신설			
		2. 섬유가공	01. 사가공				■				
			02. 염색가공				■				
		3. 섬유생산관리	01. 구매생산관리				■				
			02. 생산현장관리				■				
	2. 패션	1. 패션제품기획	01. 패션기획				■				
			02. 패션디자인				■				
			03. 패턴		■						
			04. 비주얼머천다이징				■				
		2. 패션제품생산	01. 제직의류생산				■				
			02. 편직의류생산				■				
			03. 가죽·모피생산		■						
			04. 패션소품생산		■						
			05. 한복생산		■						
		3 패션제품유통	01. 의류유통관리				■				
			02. 가죽·모피유통관리		■						
			03. 신발유통관리								
			04. 패션소품유통관리								
		4. 신발개발·생산	01. 신발생산		■						

대분류	중분류	소분류	세분류	개발유보	2013년 개발	2014년 개발 신규	2014년 개발 보완	2015년 개발(1차)	2015년 개발(2차)	추후개발	소관부처
24개	80개	238개	887개	31	240	288	269	35	15	9	–
	3	24	72	0	14	25	24	8	1	0	
19. 전기·전자	1. 전기	1. 발전설비설계	01. 수력발전설비설계			■		·			고용부 미래부 산업부 식약처
			02. 화력발전설비설계			■					
			03. 원자력발전설비설계			■					
		2. 발전설비운영	01. 수력발전설비운영				■				
			02. 화력발전설비운영				■				
			03. 원자력발전설비운영		■						
			04. 원자력발전전기설비정비 (구.원자력발전설비전기유지보수)			■					
			05. 원자력발전기계설비정비 (구.원자력발전설비기계유지보수)			■					
			06. 원자력발전계측제어설비정비 (구.원자력발전설비계측제어장비)			■					
		3. 송배전 설비	01. 송변전배전설비설계(구.송배전변전설비설계)			■					
			02. 송변전배전설비운영(구.송배전변전설비운용)				■				
		4. 지능형전력망설비	01. 지능형전력망설비		■						
			02. 지능형전력망설비소프트웨어 (구.지능형전략망설비소프트웨어)			■					
		5. 전기기기제작	01. 전기기기설계			■					
			02. 전기기기제작			■					
			03. 전기기기유지보수				■				
		6. 전기설비설계·감리	01. 전기설비설계			■					
			02. 전기설비감리				■				
		7. 전기공사	01. 내선공사				■				
			02. 외선공사		■						
			03. 송변전배전설비공사감리 (구.전기설비공사감리)			■					
		8. 전기자동제어	01. 자동제어시스템설계(구.자동제어기기설계)				■				
			02. 자동제어기기제작		■						
			03. 자동제어시스템유지정비 (구.자동제어기기유지보수)				■				
			04. 자동제어시스템운영(구.자동제어장치제어운영)				■				
		9. 전기철도	01. 전기철도설계·감리			■					
			02. 전기철도시공			■					
			03. 전기철도시설물유지보수		■						
		10. 철도신호제어	01. 철도신호제어설계·감리			■					
			02. 철도신호제어시공			■					
			03. 철도신호제어시설물유지보수		■						

대분류	중분류	소분류	세분류	개발유보	2013년 개발	2014년 개발		2015년 개발(1차)	2015년 개발(2차)	추후개발	소관부처
						신규	보완				
24개	80개	238개	887개	31	240	288	269	35	15	9	–
	2. 전자기기일반	1. 전자제품개발기획·생산	01. 전자제품기획		■						
			02. 전자제품생산		■						
		2. 전자부품기획·생산	01. 전자부품기획		■						
			02. 전자부품생산				■				
		3. 전자제품고객지원	01. 전자제품설치·정비		■						
			02. 전자제품영업		■						
	3. 전자기기개발	1. 가전기기 개발	01. 가전기기시스템소프트웨어개발				■				
			02. 가전기기응용소프트웨어개발				■				
			03. 가전기기하드웨어개발				■				
			04. 가전기기기구개발				■				
		2. 산업용전자기기 개발	01. 산업용전자기기하드웨어개발		■						
			02. 산업용전자기기기구개발			■					
			03. 산업용전자기기소프트웨어개발								
		3. 정보통신기기 개발	01. 정보통신기기하드웨어개발				■				
			02. 정보통신기기기구개발			■					
			03. 정보통신기기소프트웨어개발			■					
		4. 전자응용기기개발	01. 전자응용기기하드웨어개발			■					
			02. 전자응용기기기구개발			■					
			03. 전자응용기기소프트웨어개발		■						
		5. 전자부품개발	01. 전자부품하드웨어개발		■						
			02. 전자부품기구개발			■					
			03. 전자부품소프트웨어개발			■					
		6. 반도체개발	01. 반도체개발				■				
			02. 반도체제조(구.반도체생산)			■					
			03. 반도체장비			■					
			04. 반도체재료			■					
		7. 디스플레이개발	01. 디스플레이개발				■				
			02. 디스플레이생산			■					
			03. 디스플레이장비부품개발			■					
		8. 로봇개발	01. 로봇하드웨어설계			■					
			02. 로봇기구개발			■					
			03. 로봇소프트웨어개발			■					
		9. 의료장비제조	01. 의료기기품질관리					■			
			02. 의료기기인·허가					■			
			03. 의료기기생산					■			
			04. 의료기기연구개발(추후개발→개발)						신설		
		10. 광기술개발	01. 광부품개발					신설			
			02. 레이저개발					신설			
			03. LED기술개발					신설			
		11. 3D프린터개발	01. 3D프린터개발					신설			
			02. 3D프린터용 모델링·제작					신설			

대분류	중분류	소분류	세분류	개발유보	2013년개발	2014년 개발		2015년개발(1차)	2015년개발(2차)	추후개발	소관부처
						신규	보완				
24개	80개	238개	887개	31	240	288	269	35	15	9	-
	3	11	58	0	25	4	27	2	0	0	
20. 정보통신	1. 정보기술	1. 정보기술전략 · 계획	01. 정보기술전략								문광부 미래부 산업부
			02. 정보기술컨설팅(구.비지니스IT컨설팅)								
			03. 정보기술기획(구.비니지스IT기획)								
			04. SW제품기획								
			05. 빅데이터기획 · 분석								
		2. 정보기술개발	01. SW아키텍처								
			02. 응용SW엔지니어링								
			03. 임베디드SW엔지니어링(구.시스템엔지니어링)								
			04. DB엔지니어링								
			05. NW엔지니어링								
			06. 보안엔지니어링								
			07. UI/UX엔지니어링								
			08. 시스템SW엔지니어링					신설			
		3. 정보기술운영	01. IT시스템관리								
			02. IT기술교육								
			03. IT기술지원								
		4. 정보기술관리	01. IT프로젝트관리								
			02. IT품질보증								
			03. IT테스트								
			04. IT감리								
		5. 정보기술영업	01. IT기술영업								
			02. IT마케팅								
	2. 통신기술	1. 유선통신구축	01. 교환시스템구축								
			02. 구내통신구축								
			03. 네트워크구축								
		2. 무선통신구축(이동통신 포함)	01. 무선통신시스템구축								
			02. 전송시스템구축								
			03. 무선통신망구축								
			04. 위성통신망구축								
		3. 통신서비스	01. 유선설비접속서비스								
			02. 전용회선서비스								
			03. 초고속망서비스								
			04. 부가네트워크서비스								
			05. 전신서비스								
			06. 이동통신서비스								
			07. 콘텐츠사용자서비스								
			08. 콘텐츠네트워크서비스								
			09. 무선초고속인터넷서비스								
			10. 주파수공용통신								

대분류	중분류	소분류	세분류	개발 유보	2013년 개발	2014년 개발		2015년 개발 (1차)	2015년 개발 (2차)	추후 개발	소관부처
						신규	보완				
24개	80개	238개	887개	31	240	288	269	35	15	9	–
			11. 무선호출메시징서비스								
			12. 위성통신서비스								
			13. 특수이동통신서비스								
			14. 인터넷지원서비스								
			15. 부가통신응용중계서비스								
			16. 특수 부가통신서비스								
			17. 무선데이터통신서비스								
		1. 방송제작기술	01. 중계방송(구.방송중계)								
			02. 방송품질관리								
		2. 방송플랫폼기술	01. 라디오방송								
			02. 지상파TV방송								
	3. 방송기술		03. 지상파DMB								
			04. 케이블방송								
			05. 인터넷멀티미디어방송								
		3. 방송서비스	01. 유무선통합서비스								
			02. 방송시스템운영								
			03. 정보시스템운영								
			04. 방송기술지원서비스								
			05. 방송장비설치유지보수								
	2	4	20	0	14	4	2	0	0	0	
			01. 수산식품가공								
			02. 두류식품가공								
			03. 축산식품가공								
			04. 유제품가공								
			05. 건강기능식품제조가공								
		1. 식품가공	06. 김치·반찬가공								
	1. 식품가공		07. 면류식품가공								
21. 식품가공			08. 곡류·서류·견과류가공 (구.곡물가공)								농림부 복지부 식약처
			09. 음료주류가공								
			10. 식품가공연구개발								
			11. 식품품질관리								
		2. 식품저장	01. 수산식품저장								
			02. 농산식품저장								
			03. 축산식품저장								
		3. 식품유통	01. 수산식품유통								
			02. 농산식품유통								
			03. 축산식품유통								
	2. 제과·제빵·떡 제조	1. 제과·제빵·떡제조	01. 제과								
			02. 제빵								
			03. 떡제조								

대분류	중분류	소분류	세분류	개발유보	2013년 개발	2014년 개발 신규	2014년 개발 보완	2015년 개발(1차)	2015년 개발(2차)	추후 개발	소관부처
24개	80개	238개	887개	31	240	288	269	35	15	9	–
22. 인쇄 · 목재 · 가구 · 공예	2	4	23	0	0	4	19	0	0	0	고용부 문광부 산업부
	1. 인쇄 · 출판	1. 출판	01. 출판기획								
			02. 편집디자인								
			03. 편집								
			04. 제작 · 공정관리								
		2. 인쇄	01. 프리프레스								
			02. 평판인쇄								
			03. 특수인쇄								
			04. 후가공								
	2. 공예	1. 공예	01. 칠공예								
			02. 도자공예(구.도자기공예)								
			03. 석공예								
			04. 목공예								
			05. 금속공예								
			06. 가구제작(구.수가구제작)								
			07. 섬유공예								
			08. 나전칠기								
			09. 단위화훼장식 (구.화훼장식공예)								
		2. 귀금속 · 보석	01. 귀금속가공								
			02. 귀금속품위감정								
			03. 보석가공								
			04. 보석감정								
			05. 보석디자인								
			06. 주얼리마케팅(구.보석판매)								
23. 환경 · 에너지 · 안전	6	18	49	0	10	33	5	1	0	0	고용부 미래부 환경부 산업부
	1. 산업환경	1. 수질관리	01. 수질오염분석								
			02. 수질공정관리								
			03. 수질환경관리								
			04. 정수시설운영관리								
		2. 대기관리	01. 대기환경관리								
			02. 온실가스관리								
			03. 기상기술관리 (구.기상관측관리)								
			04. 기후변화적응								
		3. 폐기물관리	01. 폐기물처리시설설계 · 시공 (구.폐기물처리)								
			02. 폐기물관리								
		4. 소음진동관리	01. 소음진동관리								
			02. 소음진동측정 · 분석평가								
		5. 토양관리	01. 지하수관리								
			02. 토양관리								

대분류	중분류	소분류	세분류	개발유보	2013년 개발	2014년 개발 신규	2014년 개발 보완	2015년 개발(1차)	2015년 개발(2차)	추후개발	소관부처
24개	80개	238개	887개	31	240	288	269	35	15	9	–
	2. 환경보건	1. 환경보건관리	01. 산업환경보건(구.산업환경관리)								
			02. 실내공기질관리								
			03. 위해성관리								
	3. 자연환경	1. 생태복원·관리	01. 생태복원								
			02. 생태관리								
	4. 환경서비스	1. 환경경영	01. 환경컨설팅								
			02. 환경시설운영								
			03. 환경관리								
		2. 환경평가	01. 환경영향평가								
			02. 환경조사분석(구.환경분석)								
	5. 에너지·자원	1. 광산조사·탐사	01. 광산지질조사								
			02. 지구물리·화학탐사								
			03. 석유시추(구.시추·광산평가)								
		2. 광물·석유자원 개발·생산	01. 광물자원개발·생산								
			02. 석유자원개발·생산								
			03. 자원관리								
		3. 광산환경관리	01. 광해조사								
			02. 광해복원								
		4. 광산보안	01. 광산보안관리								
			02. 화약류관리								
		5. 신재생에너지생산	01. 태양광에너지생산(구.태양에너지생산)								
			02. 태양열에너지생산(구.수소에너지생산)								
			03. 연료전지에너지생산								
			04. 바이오에너지생산								
			05. 해양에너지생산								
			06. 풍력에너지생산								
			07. 폐자원에너지생산								
		6. 에너지관리	01. 에너지절약서비스					신설			
	6. 산업안전	1. 산업안전관리	01. 기계안전관리								
			02. 전기안전관리								
			03. 건설안전관리								
			04. 화공안전관리								
		2. 산업보건관리	01. 산업보건관리								
			02. 근로자작업환경관리								
		3. 비파괴검사	01. 비파괴검사								

대분류	중분류	소분류	세분류	개발유보	2013년개발	2014년 개발		2015년개발(1차)	2015년개발(2차)	추후개발	소관부처
						신규	보완				
24개	80개	238개	887개	31	240	288	269	35	15	9	–
	4	12	44	0	22	10	10	2	0	0	
24. 농림어업	1. 농업	1. 작물재배	01. 수도작재배				■				농림부 해수부 산업부
			02. 전특작재배				■				
			03. 채소재배				■				
			04. 과수재배				■				
			05. 화훼재배				■				
			06. 버섯재배			■					
		2. 종자생산·유통	01. 종자계획				■				
			02. 육종				■				
			03. 종자생산				■				
			04. 종자유통보급				■				
		3. 농촌개발	01. 농촌체험상품개발			■					
			02. 농촌체험시설운영			■					
			03. 농업환경개선				■				
	2. 축산	1. 축산자원개발	01. 사료생산		■						
			02. 종축		■						
			03. 동물약품제조		■						
			04. 수의서비스		■						
			05. 수의보조					신설			
			06. 애완동물미용					신설			
		2. 사육관리	01. 젖소사육		■						
			02. 돼지사육		■						
			03. 가금사육		■						
			04. 한우사육		■						
			05. 말사육		■						
	3. 임업	1. 산림자원조성	01. 임업종묘			■					
			02. 산림조성			■					
		2. 산림관리	01. 산림개발			■					
			02. 산림보호			■					
		3. 임산물생산·가공	01. 임산물생산			■					
			02. 목재가공			■					
			03. 펄프·종이제조(구.펄프제조)			■					
	4. 수산	1. 어업	01. 원양어업		■						
			02. 근해어업		■						
			03. 연안어업		■						
			04. 내수면어업		■						
		2. 양식	01. 해면양식		■						
			02. 수산종묘생산		■						
			03. 내수면양식		■						
		3. 수산자원관리	01. 어업자원관리		■						
			02. 수산질병관리		■						
			03. 염생산		■						
		4. 어촌개발	01. 어촌체험상품개발		■						
			02. 어촌체험시설운영		■						
			03. 어업환경개선		■						

참고문헌

건국대학교(2013). 대학생활상담연구. 제13집.

고향자(1992). 한국 대학생의 의사결정유형과 진로결정수준의 분석 및 진로결정 상담의 효과. 숙명여자대학교 대학원 박사학위논문.

김은영(2001). 한국 대학생 진로탐색장애검사 개발 및 타당화 연구. 이화여자대학교 대학원 박사학위논문.

교육부(2015). 교육통계 취학률 및 진학률. http://www.moe.go.kr

권석만(2008). 긍정심리학-행복의 과학적 탐구. 서울: 학지사.

김순천, 도미향(2008). 가족리더십 코칭프로그램이 보육교사의 교수효능감과 직무만족도에 미치는 영향. 한국가족복지학, 13(3), 한국가족복지학회.

박선희, 박현주(2009). 대학생의 진로스트레스와 대처방식이 진로결정수준에 미치는 영향. 한국심리학회지: 학교, 6(1), 67-81.

한효정(2012). 대학생의 진로미결정과 내적통제성, 부적응적 완벽주의, 진로결정자기효능감 및 특성불안에 관한 구조방정식 모형. 서울대학교 대학원 석사학위논문.

박윤희(2015). 커리어코칭의 이론과 실제. 서울: 시그마프레스.

박윤희(2010). 성공적인 커리어코칭 과정에 관한 연구. 숭실대학교 대학원 박사학위논문.

스즈키 요시유키(2003). 칭찬의 기술. 서울: 거름

이민규(2011). 실행이 답이다. 서울: 더난출판.

이희경(2014). 코칭심리 워크북. 서울: 학지사.

임정섭(2014). 이론기반 진로코칭프로그램의 개발과 효과 검증. 충남대학교 대학원 박사학위논문.

가톨릭대학교(2013). 학생생활상담(31)

통계청(2014). 2014년 4월 고용동향.

홍익대학교 취업진로지원센터(2012). 2012학년도 신입생 실태조사연구 보고서.

Allport, G. W. (1961). *Pattern and growth in personality*. New York: Holt, Rinehart & Winston.

Bench, M. (2003). *Career coaching*. Mountain View, CA: Davis Black Publishing.

Collins, G. R. (2001). *Christian Coaching*. Colorado Springs : Nav Press.

Edwards, L. (2003). Coaching-the latest buzzword or a truly effective management tool? *Industrial and Commercial Training, 35*(7), 298-300.

Erikson, E. H. (1968). *Identity: Youth and crisis*. New York: Norton.

Erikson, E. H. (1982). *The life cycle completed*. NY: W. W. Norton & Company.

Gallwey, W. T. (2000). *The Inner Game of Work*. NY: Random House Inc.

Ginzberg, E., Ginsburg, S. W., Axelrad, S., & Herma, J. L. (1951). *Occupational choice*. New York: Columbia University Press.

Grant, A. M. (2002). The Self-reflection and insight scale: A new measure of private self -consciousness. *Social Behavior and Personality, 30*(8), 821-836.

Grant, A. M. (2006). A personal perspective on professional coaching and the development of coaching psychology. *International Coaching Psychology Review, 1*(1), 12-22.

Hoyt, K. B. (1974). *Career education: What it is and how to do it*. Salt Lake City, UT: Olympus.

Liebert, R. M., & Liebert, G. P. (1998). *Personality: Strategies &issues* (8th ed). pacific Grove: Brooks/ Cole Publishing Company.

Locke, E. A., & Latham, G, P. (2002). Building a practically useful theory of goal setting and task motivation: A 35-year odyssey. *American psychologist, 57*(9), 705.

Marcia, J. E. (1966). Development and validation of ego-identity status. *Journal of personality and social psychology, 3*(5), 551.

Myers, I. M. & McCaulley, M. H., 김정택, 심혜숙, 제석봉 역(1995). MBTI 개발과 활용. 한국심리검사 연구소, 59-60.

Osipow, S. H. (1994). The career decision scale: How good does it have to be? *Journal of Career Assessment. 2*(1). 15-18.

Parsloe, E. (1999). *The manager as coach and mentor*. London: Instiude of Personnel and

Development.

Super, D. E. (1953). A theory of vocational development. *American psychologist, 8*(5), 185.

Super, D. E. (1990). A life-span, life-space approach to career development. In Brown S. D., Brooks, L. & Associates (Eds.), *Career choice and development: applying contemporary theories to practice.* San Francisco: Jossey-Bass Publishers.

Tiedeman, D. V., & O'hara, R. P. (1963). *Career development: Choice and adjustment.* NY: College Entrance Examination Board.

Whitmore, J. (2007). *Coaching for performance.* Boston, MA: Nicholas Brealey Publishing.

Williams, D. D., & Menendez, D. (2007). *Becoming a Professional Life Coach: Lessons from the Institute of Life Coach Training.* NY: Norton & Company.

국제신문(2016). 디지털뉴스부. inews@kookje.co.kr

디지털밸리뉴스(2016). http://www.dvnnews.com/news

워크넷(www.work.go.kr). 성인용 직업적성검사 결과표.

워크넷(www.work.go.kr). 직업선호도검사(S형) 선호도검사 길잡이.

워크넷(www.work.go.kr). 직업심리검사가이드e북(대학생 및 성인의 자기이해/직업탐색을 위한 검사 종류).

한국교육개발원(2015). 고등교육기관 졸업자 건강보험 DB연계 취업통계. http://kess.kedi.re.kr

찾아보기

저자 소개

천성문(Cheon Seongmoon)

　부경대학교 평생교육상담학과 교수(상담심리학 박사)

　Stanford University 연구 및 방문교수

　서울대학교 초빙객원교수

　연세대학교 상담코칭센터 임상자문교수

　(사)한국상담학회 학회장

　대표 저서) 『상담심리학의 이론과 실제(3판)』(공저, 학지사, 2015),

　　　　　『행복한 학교를 위한 학교집단상담의 실제(2판)』(공저, 학지사, 2013) 외 다수

　자격증) 상담심리사 1급, 수련감독전문상담사, 정신보건임상심리사 외

김미옥(Kim Miok)

　경성대학교 교육학과 교수(상담심리학 박사)

　한국부모교육코칭학회 부학회장

　마음나무심리상담센터 소장

　대표 저서) 『부모교육 코칭전략과 실제』(공저, 학지사, 2017),

　　　　　『학교상담 교육실습 매뉴얼』(공저, 학지사, 2014) 외 다수

　자격증) 상담심리사 1급, 교육상담전문가 1급, 진로상담전문가 외

함경애(Ham Kyongae)

　신라대학교 상담치료대학원 겸임교수(상담심리학 박사)

　연세대학교 인간행동연구소 전문연구원

　부산 동양중학교 전문상담교사

　부산 학교상담학회 부회장

　SM심리건강연구소 책임전문위원

　대표 저서) 『상담심리학의 이론과 실제(3판)』(공저, 학지사, 2015),

　　　　　『행복한 학교를 위한 학교집단상담의 실제(2판)』(공저, 학지사, 2013) 외 다수

　자격증) 상담심리사 1급, 전문상담사 1급, 청소년상담사 1급 외

박명숙(Park Myungsook)

경성대학교 교육대학원 겸임교수(상담심리학 박사)

부산 분포중학교 국어교사

대표 저서)『상담심리학의 이론과 실제(3판)』(공저, 학지사, 2015),

　　　　　『학교상담 교육실습 매뉴얼』(공저, 학지사, 2014) 외 다수

자격증) 전문상담사 1급, 전문상담교사 1급, 교육상담전문가 1급 외

문애경(Moon Aegyoung)

경성대학교 교육대학원 외래교수(상담심리학 박사)

부산 명지중학교 진로진학상담교사

부산 중학교진로진학상담교사 협의회 회장

부산 학교상담학회 회장

대표 저서)『해양과 진로』(한국해양수산개발원, 2016)

자격증) 전문상담교사 1급, 교육상담전문가 1급, 한국코치협회 KAC

대학생을 위한 진로코칭
-전략과 실제-

Career Coaching Strategy and Practice for College Students

2017년 1월 25일 1판 1쇄 발행
2023년 8월 10일 1판 7쇄 발행

지은이 • 천성문 · 김미옥 · 함경애 · 박명숙 · 문애경
펴낸이 • 김 진 환
펴낸곳 • (주) **학지사**

04031 서울특별시 마포구 양화로 15길 20 마인드월드빌딩 5층

대표전화 • 02) 330-5114   팩스 • 02) 324-2345

등록번호 • 제313-2006-000265호

홈페이지 • http://www.hakjisa.co.kr
인스타그램 • https://www.instagram.com/hakjisabook/

ISBN 978-89-997-1128-2 93370

정가 **14,000원**

출판미디어기업 **학지사**

간호보건의학출판 **학지사메디컬** www.hakjisamd.co.kr
심리검사연구소 **인싸이트** www.inpsyt.co.kr
학술논문서비스 **뉴논문** www.newnonmun.com
원격교육연수원 **카운피아** www.counpia.com